Was ist chinesische Astrologie?

Es besteht kaum ein Zweifel daran, daß chinesische Astrologen die Sterne und Planeten bereits mit Interesse betrachteten, als im Mittleren Osten die ersten Zivilisationen entstanden – vor mindestens fünftausend Jahren. Die Beobachtungen dieser weisen Alten wichen von den Wegen der westlichen Astrologie ab. Das mag zum Teil an der inselartigen Natur und geographischen Abgeschiedenheit der orientalischen Völker liegen. Aus welchem Grund auch immer – chinesische Astrologie unterscheidet sich von der abendländischen Form.

Besonders fasziniert waren die Chinesen vom Mond, und obwohl sie über alle großen Planeten im Sonnensystem genau Bescheid wußten, entwickelte sich zumindest der populärere Zweig der chinesischen Astrologie im Bereich der Interaktionen von Sonne und Mond. Der chinesische Tierkreis umfaßt wie die westliche Astrologie zwölf Zeichen, wenngleich im orientalischen System alle Zeichen Tiernamen erhielten. Die eigentlichen Ursprünge der Tierzeichen verlieren sich im Nebel der Zeit, doch Sie werden feststellen, wie genau diese bei der Beschreibung eines Persönlichkeitstyps sind.

Die Chinesen maßen dem Jahr, in dem ein Mensch geboren wird, großen Wert bei, da man davon ausging, daß jedes Jahr von einem besonderen Tierzeichen beherrscht wird. Auch Glück oder Unglück für die gesamte Gesellschaft waren mit dem fraglichen Tier verbunden, daher war es sehr wichtig, wie ein Individuum an das jeweilige Jahr heranging. Dies ist der Teil der chinesischen Astrologie, der im Westen bekannt wurde, obwohl – wie Sie auf den folgenden Seiten herausfinden werden – chinesische Astrologie viel mehr zu bieten hat. Ihr chinesisches

Mondzeichen und die Position des »Aszendenten« sind weitere wichtige, einzigartige Aspekte, wenn Sie sich anschauen, was die Chinesen über Sie als Individuum zu sagen haben.

Lesen Sie weiter, um besser zu verstehen, was Sie zu dem Wesen macht, das Sie sind – mittels des tiefen Verständnisses der menschlichen Natur, welches in einer der am wenigsten verstandenen und doch weisesten Kulturen wurzelt, die die Welt je hervorgebracht hat.

Erklärung der chinesischen Astrologie

Um das Beste aus diesem Buch herauszuholen ist es wichtig, daß Sie diese und die nächste Seite sehr aufmerksam durchgehen. Wie bei jedem Zweig der Astrologie – ob östlich oder westlich – erklärt nicht nur ein Faktor, sondern eine ganze Reihe davon die Art der Veranlagung, die Sie mit dem Tag Ihrer Geburt geerbt haben. Mit diesem Buch können Sie Schritt für Schritt etwas über Ihr chinesisches Jahr, das Element, das dieses Jahr beherrschte, Ihren chinesischen Aszendenten und auch Ihr chinesisches Mondzeichen lernen. Die Kombination all dieser Faktoren drückt Ihrer Persönlichkeit das Siegel auf.

Ihr chinesisches Tierjahr

Sie können ganz leicht feststellen, welches Tierzeichen Ihr Geburtsjahr beherrschte. Schlagen Sie einfach auf Seite 9 und 10 das chinesische Jahr Ihrer Geburt nach – wenn Sie im Januar oder Februar geboren sind, achten Sie darauf, daß Sie nicht in das vorhergehende chinesische Jahr rutschen. Neben diesem Jahr sehen Sie den Namen eines chinesischen Tieres. Dieses Zeichen beherrschte das Jahr Ihrer Geburt.

Wenn Sie Ihr Tier herausgefunden haben, können Sie sich direkt dem Abschnitt zwischen Seite 14 und 97 zuwenden. In diesem Abschnitt finden Sie eine detaillierte Beschreibung aller Tiere des orientalischen Zoos. Die guten und schlechten Merkmale des Geschöpfes, das Ihr Tierjahr beherrscht, spiegeln sich in gewissem Umfang in Ihrem eigenen Wesen wieder. Da jedoch unmöglich jeder Mensch, der innerhalb eines zwölfmonatigen

Zeitraums geboren wird, genau dieselbe Persönlichkeit haben kann, sollten Sie das Tierjahr Ihrer Geburt lediglich als Ausgangspunkt betrachten.

Die Chinesen waren fasziniert von der Interaktion von Sonne, Mond, Planeten und von Zahlen. Obwohl es nur zwölf Tierzeichen gibt, wird jedes von einem Zeichen beherrschte Jahr auch von den fünf Elementen beeinflußt. Die Elemente wechseln ganz offensichtlich in anderem Tempo als die Zeichen, daher trifft ein Tierzeichen nur einmal alle sechzig Jahre mit einem speziellen Element zusammen. Als Sie das chinesische Jahr Ihrer Geburt nachgeschlagen haben, haben Sie vielleicht bemerkt, daß zusätzlich zu Ihrem Tierzeichen auch der Name eines Elementes aufgeführt war. Auf Seite 98 erfahren Sie mehr über Ihr Element, welches ein weiterer Baustein für die Verfeinerung der Grundeigenschaften Ihres Wesens ist.

Aufsteigende chinesische Zeichen

Die Chinesen glaubten, daß jeder Teil des Tages von einem der zwölf Tierzeichen beherrscht wird. Solange Sie ungefähr wissen, um welche Tageszeit Sie geboren wurden, können Sie sehr leicht herausfinden, welches Zeichen diese Stunde beherrschte. Anweisungen für diesen Abschnitt des Buches finden Sie auf Seite 161. Zusammen mit Ihrem Tierjahr-Zeichen und Element entwickelt sich dies langsam zu einer komplexen Beschreibung ihrer eigenen, einmaligen Persönlichkeit.

Chinesische Mondzeichen

Die chinesischen Beobachter alter Zeit behaupteten, daß auch jeder Monat des Jahres von einem besonderen Tierzeichen regiert wird. Hier erkennt man Spuren traditioneller westlicher Astrologie, da sich jedes chinesische Mondzeichen ziemlich genau auf ein westliches Sonnenzeichen bezieht. Der chinesische Mond des Drachens ist zum Beispiel synonym mit dem Zeitraum, der im Westen als das Zeichen Widder bekannt ist. Fast jeder kennt sein Sonnenzeichen, und auf Seite 215 finden Sie eine Liste dieser Zeichen mit ihren chinesischen Mondentsprechungen. Sie finden dort auch die Deutungen, so daß Sie sehen können, wie Ihr chinesisches Mondzeichen zu Ihrer Gesamtveranlagung beiträgt.

Zum guten Schluß

Ob Sie sich Ihr Element, Tierjahreszeichen, aufsteigendes Zeichen oder chinesisches Mondzeichen anschauen: Sie können immer wieder auf die ursprünglichen Beschreibungen der traditionellen Tierzeichen zurückkehren, die auf Seite 14 beginnen und genauso relevant sind: unabhängig davon, welchen Aspekt Ihres astrologischen Charakterbildes Sie sich gerade anschauen. In der Kombination aus Element, Jahr, Aszendent und Mond könnten Sie beispielsweise ein Erd-Drachen/Pferd/Schwein sein, und jedes dieser Tiere trägt mit seinen besonderen Eigenschaften seinen Teil zur Zusammensetzung der ganz speziellen Person bei, die Sie sind.

Viel Spaß – staunen Sie über Wissen und Weitblick jener, die vor so vielen Jahren auf den Hügeln und weiten Ebenen Chinas die faszinierenden Verbindungen aufstellten.

Die Ratte

Über die Ratte

Es ist eine unglückselige Tatsache, daß die Ratte – wenigstens im Westen – einen solch bedauerlichen Ruf besitzt, denn dieses Tier ist zweifellos eines der klügsten und einfallsreichsten Geschöpfe der Erde. Es gibt phantastische Geschichten, die von der Zähigkeit, dem Mut und der ausgesprochenen Unverfrorenheit dieses Vertreters der Nagerfamilie berichten, was die chinesischen Weisen alter Zeit sicher beeinflußt hat. In den Menschen, die mit diesem Teil des Tierkreises verbunden sind, erkannten sie einige der guten und schlechten Eigenschaften der Ratte wieder.

Zuerst und vor allem ist die Ratte ein Charmeur. Männliche und weibliche Ratten sind gleichermaßen umgänglich, intelligent und entwaffnend. Wenn es um praktische Dinge geht, lösen der Ratte-Mann und die Ratte-Frau – wie der Nager, dessen Namen sie geerbt haben – jedes Problem garantiert doppelt so schnell und kommen gewöhnlich zu einer genialen Lösung. Sie können diese gewinnenden und entwaffnenden Typen nicht übersehen, besonders bei einer Party oder irgendeiner anderen gesellschaftlichen Zusammenkunft. Es sind diejenigen, die in der Mitte des Raumes Hof halten. Sie fühlen sich in fast jeder Art von Gesellschaft wohl und können über jedes Thema unter der Sonne auf interessante Art, wenn auch nicht immer kenntnisreich, sprechen.

Jede Aktion dieses aufgeweckten Charakters wird von enormer Energie begleitet. Zusammen mit Beweglichkeit und einer spekulativen Neigung macht dies die Ratte zum wahrscheinlich

14

natürlichsten Spieler im chinesischen Zoo. Diese Eigenschaft läßt die Ratte sowohl zum Verlierer wie glücklichen Gewinner werden.

Obwohl die Ratte mit allen Arten von Menschen kommunizieren kann, werden Sie feststellen, daß sie sich in der Gesellschaft von Individuen am wohlsten fühlt, zu denen sie vorbehaltloses Vertrauen aufbauen konnte – und wenn Sie das Vertrauen der Ratte einmal gewonnen haben, gibt es praktisch keine Anstrengung, die sie für Ihr Wohl nicht unternimmt. Die Ratte schert sich wenig um das, was andere Menschen denken, und wird Sie durch dick und dünn begleiten, wenn sie sich einmal für Sie entschieden hat. Wenn Sie jedoch auf ihrer Liste der Vertrauten weniger Sterne haben, müssen Sie vorsichtiger sein, denn dieses Wesen ist sehr manipulativ, nicht immer ganz ethisch und in jedem Fall gewillt, Sie reinzulegen, wenn es sich anbietet. Die Ratte sorgt genauso gut, wenn nicht besser, wie jedes ihrer Tier-Ebenbilder für sich selbst und jene, zu denen sie sich hingezogen fühlt, und kümmert sich sehr um ihre Familie.

Gute und schlechte Seiten der Ratte

Sie werden zweifellos bei der ersten Begegnung verstehen, warum die Ratte ein geborener Überlebenskünstler ist, denn es gehört zu ihrer Bewegungsfreiheit, bei jeder Gelegenheit zu sticheln, zu schmeicheln und zu drängen, um ihre Ziele zu erreichen. Natürlich kann man diese Qualität sowohl zu den guten wie auch zu den schlechten rechnen. Das hängt von der Situation ab, auch wenn die Ratte kaum böse Absichten verfolgt. Auch wenn sie Sie bewußt hereinlegt, so ist das einfach die Art, wie sie das Spiel des Lebens spielt.

Wenn Sie eine Ratte kennenlernen, werden Sie so ziemlich den interessantesten Charakter treffen, den man sich vorstellen kann. Sie ist ziemlich eigensinnig und nicht gewillt, Boden zu verlieren, wenn sie etwas genau weiß. Nachgeben kann sie nur grollend und schon gar nicht, so lange irgendwelche Zweifel bestehen. Es ist nicht immer leicht zu erkennen, was die Ratte denkt, daher wird man es Ihnen nachsehen, wenn Sie sich fragen, ob hinter dem Lächeln und hinter dem Rücken nicht ein ganz kleines Messer verborgen ist, das jeden Augenblick zwischen Ihren Schulterblättern stecken kann. Trotzdem sind Ratten im körperlichen Sinne nicht offen aggressiv – mit soviel Geschicklichkeit müssen sie es auch nicht sein!

Ratten neigen dazu, bei fast jedem Rennen ihr letztes Hemd auf das nächste Pferd zu setzen, und obwohl sie über ein ausgesprochenes Talent verfügen, mit ziemlicher Regelmäßigkeit Gewinner auszuwählen, besteht immer die Gefahr, daß das Glück sie verläßt – das ist der Augenblick, da die Ratte in Panik gerät und vielleicht ein wenig gefährlich wird. Die Ratte ist ein zäher Kämpfer, wenn es darum geht, im Geschäftsleben oder bezüglich den Bedürfnissen des täglichen Lebens an der Spitze zu bleiben. Ratten schätzen die guten Dinge des Lebens und wollen natürlich nichts entbehren, was sie als ihr Geburtsrecht betrachten.

Wenn eine freundliche Ratte auf ein Gläschen vorbeischaut, sollten Sie die Kekse verstecken, denn dieser Charakter ist gierig. Nur wenige Menschen können die allgemeinen Fehler und Schwächen des Nagers lange ignorieren. Weil er oder sie jedoch auch sympathisch, großzügig und romantisch ist, besorgt man vielleicht eher mehr Schokoladennachtisch, statt sich allzusehr um derart unbedeutende Makel zu kümmern. Was wirklich zählt, ist große Umgänglichkeit und Bereitschaft, durch Erfahrung zu lernen – eine Qualität, die die Ratte um so liebenswerter macht und uns irgendwelche schlechten Merkmale in ihrem Wesen leichter vergeben läßt.

Die Ratte bei der Arbeit

Hier sehen wir eines der vielseitigsten kleinen Tiere unter der Sonne. Denken Sie nur einen Augenblick daran, auf wie viele Arten und unter welch mannigfaltigen Umständen sich die

Ratte ihren Lebensunterhalt erwerben kann. Genauso verhält es sich bei der chinesischen Personifizierung des menschlichen Nagers. Sie haben vielleicht Ihr letztes Auto von einer Ratte gekauft – oder die Waschmaschine, die Stereoanlage, das Messer, das garantiert ewig hält oder etwas dergleichen. Ja, die Ratte ist ein perfekter Verkäufer, und das Sprichwort »Ich muß an das glauben, was ich verkaufe« muß hier in keinster Weise zutreffen. Vielleicht war das der Grund, warum dem Wagen ein Ersatzrad fehlte oder das Messer in Stücke brach, als Sie zum erstenmal ein Stück Brot damit schneiden wollten.

Einige Ratten entscheiden sich für eine Karriere, bei der es darum geht, anderen Menschen zu helfen, denn schließlich finden wir bei diesem Typus viel Großzügigkeit. Aber auch beim Dienst an der Menschheit muß für die Ratte persönlich etwas drin sein, und sei es nur die Chance, die Umstände genau so zu drehen und zu wenden, wie der Nager sie gern haben möchte. Lassen Sie sich jedoch nicht täuschen – wenn dieser Charakter auch weiß, daß er eine selbstsüchtige Ader hat, ist er vielleicht einfach ehrlicher als der Rest von uns, indem er diese Tatsache anerkennt!

Da Langeweile zum Problem werden kann, ist es unwahrscheinlich, daß Sie die Ratte als Sklave an einem Fließband finden. Für die archetypische Ratte, die ihr größtes Glück in einer neuen Herausforderung alle fünf Minuten findet, ist Eintönigkeit definitiv »out«. Ratten bewähren sich in Öffentlichkeitsarbeit und in allen Bereichen, in denen Findigkeit gefragt ist. Alle lieben es, wenn sie in der Karriere, für die sie sich entschieden haben, gefragt sind und werden schnell aus einer Situation flüchten, in der sie für einen undankbaren Arbeitgeber arbeiten.

Hier begegnen wir einem ziemlich komplexen Charakter, der wahrscheinlich in jeder Form der Selbständigkeit am besten arbeitet, oder zumindest in einem Beruf, der es mit sich bringt, viele Entscheidungen zu treffen, ohne ältere Kollegen konsultieren zu müssen. Die Ratte schätzt es nicht, wenn man ihr vorschreibt, was sie zu tun hat und läßt sichtlich nach, wenn sie Kritik ausgesetzt ist. Viele Ratten können mehr als eine Tätigkeit gleichzeitig ausüben und beispielsweise für die Abende einen Barjob annehmen – nicht so sehr wegen des Geldes, sondern um in Gesellschaft zu sein und auch noch dafür bezahlt zu werden! Bei solchen Gelegenheiten, wo es möglich wird, Geschäft mit Vergnügen zu verbinden, ist die Ratte natürlich besonders in ihrem Element.

Leben mit der Ratte

Mit der Ratte zu leben, ist manchmal ein wenig so, als hätte man den »einsamen Reiter« um sich: Ein Blitz, sie folgt stürmisch und bedenkenlos ihren spontanen Ideen. Sie kennen das: sie will rechtzeitig in die Disco kommen oder hinterläßt einen Stapel schmutziges Geschirr und ein oder zwei halbfertige Pflichten, die jemand anderer beenden kann. Nichtsdestotrotz ist die Ratte ein gutherziges Tier, also können Sie auch mit ihr verschwinden, um die Nacht durchzutanzen – das heißt, wenn Sie genug Energie haben, um mit ihr Schritt zu halten.

Mit einer Ratte in der Familie werden Sie aller Wahrscheinlichkeit nach gut essen, auch wenn man nicht alles, was auf den Tisch kommt, als ausgewogen bezeichnen kann. Die Ratte hat einen sehr universalen Geschmack, kann ein echter Vielfraß sein und zieht häufig Quantität Qualität vor. Beide Geschlechter werden mit Freuden in der Küche helfen, sofern ihre Verweildauer ausreicht, um eine Schürze umzubinden.

Sie wird jedoch nicht davon angetan sein, wenn man ihr all die Routinepflichten des häuslichen Lebens überläßt, denn wie überall sonst ist auch zuhause Abwechslung *die* Sache.

Wenn Sie in eine Ratte verliebt sind, hat die Münze der Beziehungen für Sie definitiv zwei Seiten. Ihr Nager wird immer interessant und unterhaltend und so loyal sein, wie der Tag lang ist, und es ist sehr unwahrscheinlich, daß er sich weit von ihnen entfernt. Es ist jedoch wichtig, daß Sie bereit sind, beim geringsten Anlaß hierhin und dorthin zu eilen, denn der Gemahl nimmt es gar nicht freundlich auf, wenn man ihn warten läßt.

Ihr Rattenpartner kann ungeheuer romantisch sein, ist sinnlich, sexy und liebt in allen Bereichen die Abwechslung. Weibliche Ratten lieben es besonders, Sie zu necken und halten die intimeren Aspekte einer Beziehung garantiert lebendig. Wenn das Interesse auf Ihrer Seite nachlassen sollte, wird Ihr Nager es sicher sofort bemerken und wahrscheinlich alles tun, was er oder sie kann, um das Gleichgewicht wieder herzustellen.

Wer nicht von der tiefen und ausdauernden Liebe der Ratte begünstigt ist, die sich auf Familienmitglieder, ausgewählte Freunde und natürlich andere perfekte und bezaubernde Ratten erstreckt, die besonders gut angesehen sind, bekommt viele der weniger akzeptablen Seiten des Ratte-Wesens nicht zu Gesicht. Obwohl die Ratte fähig ist, mit fast jedem anderen chinesischen Tier eine Verbindung einzugehen, spricht sie auf die Gesellschaft ihres eigenen Zeichens besonders gut an.

Verträglichkeiten der Ratte

Um zu sehen, wie es dem Zeichen der Ratte allgemein in Beziehungen mit anderen Bewohnern des chinesischen kosmischen Zoos ergeht, werfen Sie einen Blick auf die untenstehende Tabelle. Die höchste Punktzahl für perfekte Harmonie ist 8.

Ratte + Ratte	= 7	Ratte + Büffel	= 7
Ratte + Tiger	= 4	Ratte + Hase	= 6
Ratte + Drache	= 8	Ratte + Schlange	= 6
Ratte + Pferd	= 1	Ratte + Ziege	= 4
Ratte + Affe	= 8	Ratte + Hahn	= 5
Ratte + Hund	= 6	Ratte + Schwein	= 6

Die Ratte und die Gesundheit

Trotz ihrer offensichtlichen Fähigkeiten, mit fast allen Umständen fertig zu werden, sind Ratten in verschiedener Hinsicht ziemlich verwundbar. Tatsächlich verrät ihr freimütiges und manchmal zu gesprächiges Wesen eine allgemeine nervöse Qualität, die durch ständigen Streß oder Sorge nur allzu leicht auf die Spitze getrieben werden kann. Es ist für die Ratte sehr vorteilhaft, sich irgendeiner Art von regelmäßiger Meditation zu verpflichten, um den Geist und angespannte Nerven zu besänftigen.

Das Schlimmste ist für die Ratte eine Neigung zur Fettleibigkeit; gewöhnlich beginnt dies ab der Lebensmitte. Diese Untersetztheit ist auf die allgemeine Neigung der Ratte zurückzuführen, zuviel zu essen. Allzuoft ist eine Diät aus Cheeseburgern und Pommes frites, Kuchen, Pudding und Schokoladenriegeln die Norm. Das richtige Verhältnis von Größe und Gewicht ist wünschenswert, denn wenn es einen natürlichen Zustand der Ratte gibt, dann ist er schlank und stromlinienförmig. Es ist keine leichte Aufgabe, dem Nager beizubringen, angemessen zu essen, daher muß der Entschluß von innen kommen. Unterlassen Sie jede Form der begütigenden Schmeichelei, denn Ratten sind eitel und wollen ihren Sex-Appeal erhalten.

Wahrscheinlich mutet das Zeichen der Ratte den Nieren einiges zu, daher ist es für Rattenmenschen ziemlich wichtig, viel gutes, reines und möglichst unbehandeltes Wasser zu trinken. Das reinigt die Nieren, und der Körper kann sich von Unreinheiten befreien – das ist für jedes Zeichen wichtig, besonders jedoch für die Ratte.

Der Büffel

Über den Büffel

Der Büffel ist ein träges Geschöpf, und man nimmt nur allzu leicht an, dieses scheinbar gelassene Weidetier sei so, wie man es auf den ersten Blick wahrnimmt. Tatsächlich könnte nichts weiter von der Wahrheit entfernt sein, denn der Büffel ist ein äußerst kraftvolles Tier – durchaus zufrieden, wenn man es in Ruhe läßt, doch dafür ausgerüstet, sich oder Mitglieder seiner Herde mit großer Kraft und Zähigkeit zu verteidigen, wenn es irgendwie provoziert wird. Das menschliche Ebenbild des Büffels spiegelt diese trägen Neigungen in fast jeder Hinsicht. In diesem Fall sind die Adjektive »reserviert«, »erdverbunden« und »unflexibel« sowohl auf Mensch als auch Tier anwendbar.

Von jenen Menschen, die im Jahr des Büffels geboren sind oder diesen im Aszendenten oder Mondzeichen finden, kann man erwarten, daß sie fast jeden Aspekt des Lebens im Detail akribisch planen. Man wird feststellen, daß dieser Charakter nicht bereit ist, sich irgendwelchen Unsinn anzuhören, und wer klug ist, wird es vermeiden, einem wütenden Büffel in die Quere zu kommen. Dies ist ein gefährliches Geschöpf, denn hier begegnet man Stärke, Ausdauer und fast blinder Entschlossenheit.

Als Elternteil oder Arbeitgeber kann der Büffel manchmal altmodisch autoritär wirken. Nichtsdestotrotz sorgt er sich sehr um Heim, Familie und seine Liebsten, denn der Büffel möchte der ganzen Welt einen schützenden Arm um die Schulter legen. In intimeren, romantischen Situationen kommt der Büffel – ob männlich oder weiblich – nur langsam in Gang, da er von Natur aus besorgt und darauf bedacht ist, sich nicht auf eine Weise anzunähern, die vielleicht unsensibel oder plump wirken könnte. Glücklicherweise kommt der Büffel merklich in Schwung, sobald er sich in einer Beziehung sicher fühlt.

In allen Aspekten des Lebens ist Vorsicht der zweite Vorname des Büffels, was einer der Gründe ist, warum er oder sie im Geschäftsleben so erfolgreich ist. Den Büffel findet man oft in Autoritätspositionen, wo seine praktischen Fähigkeiten und sein ausgeprägter gesunder Menschenverstand geschätzt werden. Man könnte zwar sagen, der massive, schwerfällige Büffel habe Aspekte, die andere, geselligere Typen entschieden langweilig finden; aber wir stoßen hier auch auf unglaublichen Eifer – ganz zu schweigen von dem Fundament eines Vermögens, das auf harter Arbeit, soliden Ideen und einem nicht zu unterdrückenden Streben nach Erfolg aufbaut.

Man sollte den Büffel niemals unterschätzen, weil er immer noch Trümpfe aus dem Ärmel ziehen kann. Nur wenige Menschen erkennen, wieviel Erfolgspotential in ruhigen, stillen Büffeln liegt.

Gute und schlechte Seiten des Büffels

Wenn man sich den Büffel anschaut, ist es nicht schwer, gute Charakterzüge zu finden – besonders, wenn man die Fähigkeit dieses Zeichens bedenkt, zu beobachten, zu warten und sich dann langsam auf die gewählten Lebensziele zuzubewegen. Im Familienleben verspricht das träge Arbeitstier große Sicherheit und eine unerschütterliche Vorliebe für altmodische Werte. Verwandte und Freunde profitieren wahrscheinlich von der Fähigkeit des Büffels, für alle, mit denen er in Kontakt kommt, den erfolgversprechendsten Weg zu sehen. Zu denen, die er mag, ist der Büffel allgemein freundlich, und er besitzt ein von Natur aus praktisches Wesen, das sich mit jedem anderen Tier im chinesischen Tierkreis messen kann.

Es liegt jedoch in der Natur des Lebens, daß jede Situation zwei Seiten hat, und das trifft sicherlich auf das Wesen zu, welches wohl das beständigste unter den vorsichtigen Naturen sein muß. Das Unbewegliche kann man nicht von der Stelle rücken, und genau dazu neigt der Büffel, wenn er sich einmal für irgendeinen spezifischen Handlungskurs entschieden hat. Hier begegnen wir großer Sturheit, zu der sich Beharrlichkeit – oft bis zum Übermaß – gesellt. Flexiblere Typen lassen den Büffel gelegentlich einfach deshalb stehen, weil es diesem schwerfälligen Riesen unmöglich ist, mitten im Lauf die Richtung zu wechseln.

Wenn die Dinge nicht so laufen, wie er es wünscht, kann der Büffel ungeheuer schmollen; er ist grüblerisch und gereizt und bei vielen Gelegenheiten unflexibel und lächerlich übervorsichtig. Erklärt man einem Büffel, daß er als Ergebnis fehlerhaften Denkens vor einer persönlichen Katastrophe steht, wird er uns wahrscheinlich, wenn auch sehr höflich bitten, uns um unsere eigenen Angelegenheiten zu kümmern. Der Büffel duldet keine Einmischung und besteht darauf, seinem eigenen Weg zu folgen, welcher es auch sei. Wenn ihm zu Hause oder bei der Arbeit etwas begegnet, das er als Zeichen von Rebellion erachtet, kann der Büffel zum einschüchternden Tyrannen werden.

Im schlimmsten Falle – besonders, wenn das Leben bedrohlich wird – kann das Büffelindividuum sehr aggressiv werden. Dann wird ein großes Schwungrad in Bewegung gesetzt, das alles und jeden trifft, das ihm im Weg steht. Wenige bringen den Mut auf, diesem Individuum in die Quere zu kommen. Gott sei Dank entsteht ein so extremer Krisenmoment sehr selten, denn der Büffel neigt eher dazu, eine Situation auszusitzen und wiederzukäuen. Die aggressiveren Qualitäten dieses Zeichens zeigen sich nur bei wiederholtem Angriff oder unter großem Streß, und man darf gerechterweise annehmen, daß auch einige andere, weniger wünschenswerte Charakterzüge dieses Zeichens oft unter einer Schicht Freundlichkeit begraben werden.

Der Büffel bei der Arbeit

Schauen Sie sich irgendeinen Dokumentarfilm oder die Landwirtschaft im Fernen Osten an, und Sie sehen, wie der geduldige, standfeste Ochse oder Büffel gelassen und ausdauernd die orientalischen Ackerfurchen hinauf- und hinunterstapft, wie es seine Vorfahren Tausende von Jahren taten. Die Parallele zum menschlichen Büffel ist nur allzu offensichtlich, denn er erringt im Geschäftsleben nicht durch plötzliche Geistesblitze und Einsichten einen Erfolg nach dem anderen, sondern vielmehr durch dasselbe ausdauernde, bewußte Vorwärtsstapfen, das so sehr an das Tier-Ebenbild des Büffels erinnert.

Tatsächlich kann sich der menschliche Büffel in fast jeder Art von Geschäft engagieren und wird es der intensiven Prüfung und geduldigen Beobachtung unterziehen, die ihm zur zweiten Natur geworden sind. Wenn er festgestellt hat, wie man an eine Verbesserung am besten herangeht, macht sich der Büffel mit Nachdruck ans Werk und paßt jeden Arbeitsprozeß mit Willen, Stichelei und Ansporn an, bis er reibungslos läuft.

Hier finden wir den geborenen Organisator und die gelinde Aggression, die der Büffel bei den meisten anderen Gelegenheiten für sich behält. Nur wenige können früh genug aufstehen, um diesen Charakter hinters Licht zu führen, und Menschen, die kürzlich mit dem Büffel die Klinge gekreuzt haben, würden nicht im Traum daran denken, es noch einmal zu wagen.

Bescheidene Herkunft ist kein Hindernis, und viele Büffel, die mit dem Austragen von Briefen oder Botengängen begannen, besaßen am Schluß eine Reihe von Firmen. Unglücklicherweise erwartet der Büffel auch von seinen Angestellten das starke Engagement, das für solch ein persönliches Bravourstück nötig ist und erkennt nicht, daß wir nicht alle gleich sind. Tatsächlich ist es die schwerste Aufgabe von allen, den Büffel vom Arbeiten abzuhalten. Büffel-Männer wie auch -Frauen machen kaum jemals eine Pause, und auch ein Urlaub wird oft eher erduldet als genossen. Das Problem ist, daß Arbeit für dieses träge Geschöpf kein Mittel zum Zweck, sondern vielmehr den Zweck an sich darstellt.

Wenn endlich der Ruhestand winkt und der menschliche Büffel in Rente geschickt wird, wird er oder sie die nächsten zehn Jahre damit verbringen, auszuarbeiten, wie man einen größeren, saftigeren und profitableren Ertrag erreichen kann! Es ist ziemlich normal, Büffel-Menschen zu treffen, die sich weigern, überhaupt in Pension zu gehen. Dort, wo es unumgänglich ist, findet man einen irgendwie gedämpften Büffel vor, denn was ist das Leben diesem Zeichen ohne Herausforderung?

Leben mit dem Büffel

Ob man mit dem Büffel gut auskommt, hängt – vielleicht mehr als bei jedem anderen Tier in der chinesischen Menagerie – von der Persönlichkeit des Gegenübers ab. Die meisten Menschen vermögen ihr Wesen zu mildern und zu mäßigen, um sich ihrer näheren Umgebung besser anzupassen, aber auf den Büffel trifft das sicher nicht zu.

Wenn der Büffel jemanden liebt, dann wahrscheinlich fürs Leben. Es gibt jedoch einen Unterschied zwischen »beschützen« und »ersticken« – eine Tatsache, die sich ein Büffel nur schwer zu eigen machen kann. Aus diesem Grund geht der Büffel in romantischer Hinsicht wahrscheinlich mit jemandem eine Verbindung ein, der eine Vorliebe dafür hat, fast ständig einen schützenden Arm um die Schulter zu wissen. In diesem Fall kann die Verbindung durchaus mit lebenslangem Erfolg gesegnet sein. Mit Veränderungen kann der Büffel jedoch schwer umgehen, und Veränderungen im Charakter seines Partners – insbesondere die Suche nach persönlicher Freiheit oder Unabhängigkeit – werden wahrscheinlich mit vorwurfsvollen Blicken und lastendem Schweigen aufgenommen.

Der Büffel ist ein ausgezeichneter Elternteil, umso mehr, wenn er Kinder hat, die gewillt sind, die Leine hinter sich herzuziehen, und die Sicherheit einer überdurchschnittlich strengen Erziehung respektieren. Der Büffel wird alle Details der Erziehung seines Sprößlings arrangieren, bei den ermüdenden Routinen des Sorgens für die Familie helfen und einen beträchtlichen Teil seiner Zeit zu gleichen Teilen damit verbringen, geduldig zu erziehen, zu ermutigen und gut zuzureden. Es könnten jedoch ein paar Schwierigkeiten auftauchen, wenn die Küken aus dem Nest fliegen möchten, denn es fällt dem Büffel extrem schwer, loszulassen.

Wenn Leute über einen Verwandten sprechen, der unter dem Einfluß des Büffels geboren ist, hört man sie oft sagen: »Nun, er ist ein wirklich netter und fürsorglicher Mensch, aber ...« Der Vorbehalt verrät den Büffel, und er stammt daher, daß der Büffel nicht nur weiß, wie er sein eigenes Leben führen sollte, sondern glaubt, auch das Monopol auf das Glück aller anderen zu haben. Diese Vorliebe für Einmischung ist eines der Merkmale, die es gelegentlich besonders schwer machen, mit Büffel-Menschen auszukommen. Dies kann für progressivere und abenteuerlichere Zeichen ein ausgesprochenes Problem darstellen. Vielleicht haben Sie jedoch Ihrem Büffel seine oder ihre Eigenarten bereits vergeben. Schließlich wird all seine Besorgnis nur aus Liebe geboren, und das kann man wirklich niemandem vorwerfen!

Verträglichkeiten des Büffels

Um zu sehen, wie es dem Zeichen des Büffels allgemein in Beziehungen mit anderen Bewohnern des chinesischen kosmischen Zoos ergeht, werfen Sie einen Blick auf die untenstehende Tabelle. Die höchste Punktzahl für perfekte Harmonie ist 8.

Büffel + Ratte	= 7	Büffel + Büffel	= 6
Büffel + Tiger	= 3	Büffel + Hase	= 6
Büffel + Drache	= 6	Büffel + Schlange	= 8
Büffel + Pferd	= 5	Büffel + Ziege	= 1
Büffel + Affe	= 4	Büffel + Hahn	= 8
Büffel + Hund	= 3	Büffel + Schwein	= 5

Der Büffel und die Gesundheit

Viele Büffelmenschen betrachten sich als fast unzerstörbar, und tatsächlich neigt dieses Zeichen im allgemeinen zu unverwüstlich guter Gesundheit. Obwohl seine Statur oft über dem Durchschnitt liegt, ißt der Büffel meist nicht zuviel – abgesehen von Zeiten extremen Stresses –, kann mit der natürlichen Bewegung auskommen, die seinem System zu eigen ist, und neigt dazu, sich von unnötigen Drogen und Stimulantien fernzuhalten.

Mit einer fast vollständig vegetarischen Diät geht es dem Büffel am besten, im allgemeinen braucht er keine großen Mengen Fleisch und verlangt auch nicht danach. Der Büffel lebt am behaglichsten in ländlicher Umgebung und braucht meist mehr wirkliche Erholung, als er sich wahrscheinlich selbst zugesteht. Jede Form von Begrenzung, die von außen auferlegt wird, kann den Büffel-Typen rasch niederschlagen und anfällig für jede Art von Gebrechen machen; und doch scheint er Entbehrung recht gut und bereitwillig zu ertragen, wenn der Druck von freiwilliger Art ist und von innen kommt.

Schwacher Punkt in der Konstitution sind wahrscheinlich die Beine, besonders die Knie. Bewegung von anderer Art als die Arbeitsroutine hilft, den Büffel munter, fit und geschmeidig zu halten, denn im späteren Leben könnten ihm durchaus Rheumatismus und Arthritis zusetzen. Auch gesunde Bewegung ist ein wichtiger Faktor, obwohl man dies beim seßhaftesten aller Zeichen nur schwer erreicht, da der Büffel es, wenn irgend möglich, immer vorziehen wird, gemächlich zu sein.

Der Tiger

Über den Tiger

Es ist unmöglich, den wilden und freien Tiger, der sogar nach vielen Jahren in Gefangenschaft »umschlagen« und seinen Wärter verletzen oder sogar töten kann, jemals ganz zu zähmen. Das liegt zum Teil an seiner Unberechenbarkeit – ein Merkmal, das er mit seinen menschlichen Ebenbildern teilt. Natürlich hört die Ähnlichkeit hier nicht auf: Beide Tiger-Arten besitzen eine ungeheure Freiheitsliebe, beide sind mutig, schnell und unerschrocken.

Der menschliche Tiger ist ein ganz eigenes Wesen, und es erfordert gründliche Forschung und erhebliche Intuition, bevor man einigermaßen mit Recht behaupten darf, man kenne ihn wirklich. Originalität und Extravaganz bilden einen Schlüssel zum Verständnis. Es besteht kein Zweifel, daß Tiger und Tigerin sich an der Fähigkeit ergötzen, der Welt stets ein Rätsel zu bleiben. Trotz einzelgängerischer Züge hegen Tiger eine ausgeprägte Vorliebe für die Gesellschaft von ihresgleichen und können hinter ihrer Fassade auch sehr sozial gesinnt sein. In ihrer Neigung, der Welt eine Maske zu zeigen, liegt sicher ein Grund, warum der Tiger einen solch großartigen Schauspieler abgibt.

Der Tiger ist nicht nur ein sehr kultivierter Mensch, der nichts mehr liebt, als einen Abend beim Ballett oder im Theater zu verbringen, sondern ist auch selbst ziemlich kreativ. Er schätzt offensichtlich Musik, und viele Tiger tun sich auch in den schönen Künsten oder der Bildhauerei hervor. Das Zuhause des Katzentiers ist wahrscheinlich geschmackvoll, elegant und wirklich originell eingerichtet. Regelmäßige Ände-

28

rungen des Dekors spiegeln keine Rücksicht auf Trends, sondern sind vielmehr ein Zeichen seines Bedürfnisses nach Abwechslung. Die Tigerin ist besonders ästhetisch ausgerichtet und ebenso frei und unabhängig, gelegentlich sogar radikal.

Alle Tiger besitzen tief humanitäre Instinkte, und man findet sie häufig an Orten, wo sie sich zugunsten der Armen oder politisch Unterdrückten der Welt abplagen. Andere trifft man bei der Erkämpfung eines Pfades durch unbekannte Einöden, oder sie sind vielleicht die ersten, die in einem Eierbecher den Atlantik überqueren. Das Bedürfnis, das Außergewöhnliche zu tun, ist dem Tiger fast zur zweiten Natur geworden – eine Tatsache, die auf intellektueller Ebene genauso wichtig ist wie bei den körperlicheren Aspekten des Seins. Was immer man im Leben als schwierig ansehen mag – für den sehr urwüchsigen, frei denkenden und unabhängigen Tiger ist es Speis und Trank.

Gute und schlechte Seiten des Tigers

Es ist nicht schwer, die Pluspunkte dieser Großkatze aufzuspüren. Zunächst einmal sind alle Tiger schön, was in gewisser Weise auch auf ihre menschlichen Ebenbilder zutrifft, die eine Art von Magnetismus zeigen, was jeder bereits beim ersten Kontakt feststellen wird. Als geborene Reformer können sie unermüdlich für Projekte arbeiten, an die sie wirklich glauben, und sind glücklich, wenn sie wissen, daß ihre Fachkenntnis jemandem nützt. Sowohl männliche wie auch weibliche Tiger haben eine ehrfürchtige und verständnisvolle Einstellung zur Politik, neigen oft zu Liberalismus und können in jeder Situation dem Benachteiligten gegenüber ungeheure Achtung zeigen.

Das Grundproblem dieses gestreiften Katzentiers liegt in seiner überwältigenden Liebe zur persönlichen Wahl, und so werden Sie – auch wenn der Tiger alle Nächstenliebe und allen Reformationseifer der Welt haben mag – wahrscheinlich eines Morgens aufwachen und feststellen, daß die Katze ihre Ansichten, ihre Kleidung, ihre politischen Überzeugungen und vieles mehr geändert hat. Ja, der Tiger sorgt sich zweifellos um die Welt, aber am Ende sorgt er sich noch mehr um sein eigenes Wohlergehen.

Da Tiger nicht immer sonderlich auf den größten persönlichen Nutzen achten, sollte man kaum von ihnen erwarten, allzuviel Aufmerksamkeit darauf zu verwenden, was andere Leute denken könnten. Das mag einer der Gründe sein, warum andere Tiere aus dem Tierkreis den Umgang mit dem Tiger gelegentlich ein wenig schwierig finden. Noch wichtiger ist, daß der Tiger sehr eigenwillig ist, so daß dieses Geschöpf, auch wenn es das Leben auf unbekümmerte Art angeht, weiß, woran es glaubt und nicht zu überreden ist, wenn es sich einmal für einen bestimmten Kurs entschieden hat. Dies kann den Tiger mehr als ein wenig selbstsüchtig erscheinen lassen und ist eine weitere Manifestation der grimmigen Unabhängigkeit seines Wesens, die ein Segen oder ein Fluch sein kann.

Wie auch immer man über diesen »Schmuser mit Krallen« denkt – halten Sie sich vor Augen, daß der Tiger zur Katzenfamilie gehört und man sich wie bei all seinen Vettern gewöhnlich darauf verlassen kann, daß er auf die Füße fällt, wenn er denn fällt. Die Menschen, die mit einem Tiger-Individuum verbunden sind, sagen wahrscheinlich, das Leben mit einer anderen Art Mensch wäre im Vergleich fade – auch wenn dies nicht davor schützt, daß einige der weniger positiven Aspekte der großen Katze anderen auf die Nerven gehen. Im Guten oder Schlechten kann man sich darauf verlassen, daß der Tiger einen Eindruck hinterläßt. Und seien wir ehrlich – das ist genau das, was er will!

Der Tiger bei der Arbeit

Der bei weitem beste Job für einen Tiger muß der eines modernen Forschungsreisenden sein. Dann kann dieses Individuum einen guten Teil des Jahres damit verbringen, Vorträge zu halten und Kapital aufzutreiben, und seine oder ihre Aufmerksamkeit einige Wochen oder Monate der Entdeckung unbekannter Einöden zuwenden – das ist für dieses freiheitsliebende Mitglied der Bruderschaft der Katzentiere der perfekte Kompromiß zwischen praktischer Umsetzbarkeit und Unabhängigkeit.

Unglücklicherweise ist es unvermeidlich, daß man einige Tiger in der Art von Beschäftigung wiederfindet, die wenig oder gar keine Gelegenheit zur Befreiung bietet. Denken Sie an Tiger, die Sie im Zoo gesehen haben, und ihr ständiges Hin- und Herlaufen hinter den Gitterstäben. Das ist weniger eine Übersprungsreaktion als ein äußeres Zeichen für unterdrückte Unabhängigkeit, denn es spielt keine Rolle, wie komfortabel oder gut versorgt der Tiger sein mag, ohne Bewegungsfreiheit ist er nichts.

Tiger streben zur Selbständigkeit, obwohl sie infolge einer überwältigenden Unfähigkeit, ihre tägliche Arbeit zu strukturieren, ständig scheitern. Es ist nicht so, daß sie sich vor der Arbeit fürchten; aber wer will schon tagein, tagaus dasselbe tun – besonders, wenn da draußen eine faszinierende Welt wartet? Auch wenn der Tiger für eine Weile bewundernswerten Erfolg hat, kann er immer noch jene leichtsinnige Entscheidung treffen, die zur Katastrophe führt. Wenn das geschieht, ist es jedoch auch kein Problem, denn im Herzen sind alle Katzen geduldig, und der Tiger wird einfach ganz von vorn anfangen – so unerschrocken und frei wie immer.

Tiger sind gute Verkäufer, Reisende und Repräsentanten, man findet sie vielfach beim Unterrichten, und sie sind großartige Musiker. Für schmutzige Arbeiten haben sie nicht viel übrig, und sie bewähren sich in jeder Situation, die schnelles Denken oder Mut erfordert. Es überrascht wahrscheinlich nicht, daß Tiger innerhalb der Streitkräfte mit einem ansehnlichen Prozentsatz vertreten sind, zwar wird ihnen in solch einer Karriere Disziplin abverlangt, doch finden sie dort auch Gefahr, Abenteuer und Kameradschaft in rauhen Mengen – alles Aspekte des Lebens, in denen der Tiger schwelgt.

Das Schlüsselwort lautet hier »Originalität«, also erwarten Sie nicht, daß der Tiger mit den niedrigeren oder sich wiederholenden Pflichten, mit denen andere Tierzeichen leicht fertig werden, sehr glücklich ist. Eine unglückliche Situation ist für ihn kein grundsätzliches Problem, denn je schwerer die bevorstehende Aufgabe, desto wahrscheinlicher meldet sich der bereitwillige und kompetente Tiger freiwillig.

Leben mit dem Tiger

Um ein Leben lang mit dem impulsiven, veränderlichen Tiger unter einem Dach zu leben, brauchen Sie wirklich eine flexible Einstellung und eine Menge Geduld. Es könnten Sie jedoch einige beträchtliche Belohnungen erwarten – besonders, was das Interesse und die Begeisterung betrifft, die diese Katze allen entgegenbringt, auf die es sich einläßt.

Auch zu Beginn einer Romanze erweckt der Tiger zunächst einen kühlen Eindruck. Es ist dieselbe Art scheinbarer Gleichgültigkeit, die er ebenso anderen Facetten des Lebens gegenüber an den Tag legt, denn im Grunde ist der Tiger ein Einzelgänger und steigt nicht oft aus den luftigen Höhen der Unabhängigkeit herunter. Diese scheinbare Reserviertheit verstärkt eine emotionale Intensität, die die Welt kaum jemals zu sehen bekommt. Das Individuum, das es geschafft hat, das dicke Fell des Tigers zu durchdringen, nimmt sie jedoch ohne weiteres wahr.

Der Tiger sucht die Art von Beziehung, die die nötige Individualität berücksichtigt. Die Geliebten von Tigern widmen sich oft einer Karriere, die sie regelmäßig von zu Hause weg führt. Obwohl sie im häuslichen Umgang liebevoll und freundlich sind, könnten Tiger bald dazu neigen, in die Ferne zu starren – ein sicheres Zeichen für die Sehnsucht nach der faszinierenden Welt jenseits der Türschwelle. Zu solchen Zeiten ist es das einzig Vernünftige, die Katze hinauszulassen. Man kann dieses Tier nicht an eine Routine binden, so sehr Sie es auch versuchen mögen, und Sie müssen mit dem Wissen zufrieden sein, daß es im allgemeinen nicht die Art des Tigers ist, außerhalb seines Zuhauses emotionalen Trost zu suchen. Unfreundliche Menschen bestehen vielleicht darauf, der Tiger habe nicht genügend Phantasie, um untreu zu sein, aber tatsächlich ist es eher so, daß er die Gelegenheit dazu nicht sucht.

Tiger sind gute Eltern und werden immer ihr Bestes tun, um die Familie finanziell und hinsichtlich des allgemeinen Wohlergehens zu versorgen. Sie tragen in jedes Heim, an dessen Aufbau sie beteiligt sind, einen unkonventionellen Wind, und werden weder ihren Partner noch jüngere Familienmitglieder einschränken. Sie können Kinder furchtbar verwöhnen, legen jedoch Wert auf eine gute Ausbildung ihrer Sprößlinge. Wenn Sie sich den Hauch einer echten frischen Brise in Ihrem Leben und Ihrem Heim wünschen, könnten Sie viel Schlimmeres tun, als einen Tiger in Ihr Leben zu lassen. Beziehungen sind jedoch vielleicht nicht einfach und erfordern zusätzliche Bemühungen!

Verträglichkeiten des Tigers

Um zu sehen, wie es dem Zeichen des Tigers allgemein in Beziehungen mit anderen Bewohnern des chinesischen kosmischen Zoos ergeht, werfen Sie einen Blick auf die untenstehende Tabelle. Die höchste Punktzahl für perfekte Harmonie ist 8.

Tiger + Ratte	= 4	Tiger + Büffel	= 3
Tiger + Tiger	= 6	Tiger + Hase	= 4
Tiger + Drache	= 6	Tiger + Schlange	= 3
Tiger + Pferd	= 8	Tiger + Ziege	= 4
Tiger + Affe	= 1	Tiger + Hahn	= 5
Tiger + Hund	= 8	Tiger + Schwein	= 7

Der Tiger und die Gesundheit

Innerhalb der chinesischen Astrologie gehört der Tiger zu den robusteren Geschöpfen. Natürlich machen all die Risiken, die er eingeht und für die diese große Katze berühmt ist, den Tiger etwas anfällig für Unfälle. So ist zu erwarten, daß der Tiger für Probleme mit den Beinen anfällig ist; besonders im Bereich zwischen Hüften und Knien. Tiger können ab ihrer Lebensmitte auch unter Kreislaufproblemen leiden und profitieren wahrscheinlich davon, wenn sie sich warm halten.

Das schlimmste Szenarium für dieses Geschöpf ist eines, in dem es auf irgendeine Art eingesperrt wird. Geben Sie dem Tiger einen Beruf, den er haßt; binden Sie ihn in eine erstickende Ehe ein, oder lassen Sie ihn eine reglementierte »Neun bis Fünf«-Existenz führen, und der Tiger wird beginnen, alle Arten von Leiden zu entwickeln, sowohl organische als auch psychosomatische. Tiger mögen weite, offene Räume, niedrige Hügel und luftige Orte, wo sie den Wind spüren und die gute, frische Luft riechen können. Sie brauchen eine gesunde, ausgewogene Ernährung und sollten sich – im Gegensatz zu naheliegenden Assoziationen – nicht von hauptsächlich blutigem Fleisch ernähren.

Tiger-Menschen sind bekannt dafür, sich ohne irgendwelche Mühen durch die schwierigsten und widrigsten Umstände zu hangeln, und hier finden wir große Ausdauer für Großtaten, vor denen viele zurückschrecken würden. Er erholt sich sehr gut von jeder Anstrengung und Krankheit.

Der Hase

Über den Hasen

Schauen Sie sich den friedfertigen Hasen an. Dieses Geschöpf ist ein Pflanzenfresser der sanften Art. Er hat viele natürliche Feinde und muß ein scharfes Auge auf Räuber aller Art haben, sowohl am Boden als auch aus der Luft. Obwohl er relativ wehrlos ist, überlebt der Hase dennoch durch Anwendung einer Mischung aus Klugheit, Tarnung und einem phantastischen Fortpflanzungspotential.

Wie bei allen Tieren im chinesischen Zoo teilt der menschliche Hase einige Eigenschaften mit seinem Tier-Ebenbild, nicht zuletzt seine Fähigkeit, unter Umständen, in denen größere und tapferere Seelen untergehen könnten, zu überleben und sogar zu gedeihen. Der Hase wünscht sich eine friedliche Existenz und erreicht sie gewöhnlich, er ist eine gebildete Person und erfreut sich großer Beliebtheit.

Der Hase verfolgt eine ganze Menge Interessen in seinem Leben und fühlt sich oft von Situationen angezogen, die ihm anregend erscheinen, nur um sich zum nächsten Ziel weiterzubewegen, sobald das Interesse nachläßt. Er wirkt gelegentlich ein wenig reserviert, obwohl es fast unmöglich ist, einen so freundlichen und allgemein sympathischen Menschen zu mißachten oder nicht zu mögen. Aus konfrontativen oder aggressiven Situationen ziehen sich alle Hasen rasch zurück.

Sie werden diesen Charakter oft zu Hause antreffen, denn beide Geschlechter lieben es, einen bequemen kleinen Aufenthaltsort für sich zu schaffen, und würden fast alles tun, um ihre Nächsten und Liebsten ebenfalls glücklich zu machen. Daraus sollte man nicht schließen, daß der menschliche Hase unsozial ist – ganz im Gegenteil, denn sein sanfter, feiner Humor sorgt dafür, daß dieser Mensch überall willkommen ist.

Lassen Sie sich jedoch nicht täuschen. Jeder Hase hat seinen oder ihren eigenen Kopf, auch wenn Sie bewußt zu der Annahme verleitet werden, dies sei ein Geschöpf, das Ihren Standpunkt ohne Zögern akzeptiert. Der Hase gräbt sich unter der Oberfläche in Ihr Unterbewußtsein, durchbricht auf subtile Art Ihre Vorurteile und bekehrt Sie diplomatisch zu seinem Standpunkt. Auch wenn offensichtlich wird, daß Sie manipuliert wurden, kann man sich nur schwer gekränkt fühlen. Der Hase ist allgemein eine umgängliche Seele und überhaupt nicht die Art Mensch, mit dem die meisten Leute streiten wollen. Trotz ein wenig List gibt der Hase nicht vor, ein liebenswerter Charakter zu sein – er ist einer!

Gute und schlechte Seiten des Hasen

Beim ersten Eindruck mag es scheinen, als wögen die guten Merkmale dieses friedlichen Charakters seine wenigen Mängel bei weitem auf. Schließlich ist der Hase ein aufmerksamer Partner, ein guter Freund und anregender Begleiter. Er ist ziemlich intuitiv, entzückt, wenn er anderen helfen kann, und hinterläßt allgemein eine Brise von Humor und Jovialität, wo immer er gewesen ist. Der Hase mag es, wenn man ihn schätzt, und unternimmt daher alles, was in seiner Macht steht, um die Saat der Liebe zu säen. Er schwelgt in Ordnung und Komfort, rebelliert jedoch gegen Schreihälse oder vermeidbares Unglück.

Aber wie wir alle ist auch der Hase eine Mischung aus Heiligem und Sünder. Der Grund dafür liegt teilweise gerade in der Fähigkeit des Hasen, so beliebt zu sein, denn er wählt unweigerlich den Weg des geringsten Widerstandes, um seine Ziele zu erreichen. So könnten Sie feststellen, daß einige der Schmeicheleien und viel von der scheinbaren Wertschätzung Ihrer Person nur oberflächlich ist, wenn es um die wahren Ansichten des

Hasen geht. Hier haben wir einen Manipulator par excellence und jemanden, der bei seinen Versuchen, die Art Welt zu erzwingen, in der er sich wohl, sicher und glücklich fühlen kann, vor nichts haltmachen wird.

Sogar die Anstrengung, die erforderlich ist, um Ihre Wachsamkeit herabzusetzen und diesen Zustand aufrechtzuerhalten, ist ihm nur solange dienlich, wie Sie den Hasen interessieren, denn denken Sie daran: Dieses Geschöpf sonnt sich in der Veränderung und könnte dessen, was Sie zu bieten haben, bald müde werden. Der Hase kann ein überaus sinnlicher Mensch sein; er wird unruhig und verdrießlich, wenn er sich langweilt oder bedroht wird, und ist bekannt dafür, daß er unter Druck zusammenbricht, wenn es zu schwierig wird. Glücklicherweise kommt es nicht oft so weit, weil der Hase über gute Selbstschutzmechanismen verfügt.

Hasen wollen im Leben Erfolg verzeichnen und haben nichts gegen ein wenig Betrug, wenn es ihren Zwecken dient. Vielleicht sind Sie genau der Mensch, der im Weg steht, und obwohl man hier nicht den bewußten Wunsch findet, ein anderes Individuum zu verletzen, könnte der Hase bereit sein, in seinem Kielwasser eine Reihe von Verwundeten zu hinterlassen. Vielleicht liegt der tatsächliche Grund dafür in einem starken Selbsterhaltungstrieb. Schließlich ist der Hase nicht die kräftigste Kreatur, und weil er diese Tatsache erkennt, tendiert er dazu, dies durch Schläue zu kompensieren – manchmal ein wenig zu schlau. Sie werden es merken, wenn Sie vom Hasen getroffen wurden – auch wenn es sich so anfühlt, als seien Sie von etwas verdroschen worden, das nicht unangenehmer ist als ein Löwenzahn!

Der Hase bei der Arbeit

Der Hase ist ganz sicher kein verwegenes Geschöpf, daher erwartet man vielleicht nicht, ihn an der vordersten Front des Geschäftslebens zu finden. Doch dank seiner hohen Arbeitsmoral trifft man ihn allerorten an, vorausgesetzt, das notwendige Interesse an einem bestimmten Projekt kann aufrechterhalten werden. Noch wichtiger ist, daß Hase und Häsin sehr anpassungsfähig sind und dank genau der Flexibilität, die dieses Tierzeichen kennzeichnet, die Stürme der wirtschaftlichen Höhen und Tiefen heil überstehen können.

Viele Hasen entscheiden sich für die Selbständigkeit und sind dabei erfolgreich, wenn die ursprüngliche Idee gut durchdacht ist. Sie sind ausgezeichnete Partner für dynamischere Charaktere, und man kann auch in diesem Fall gewöhnlich darauf vertrauen, daß sie am Ende die Aufgaben auf ihre eigene Art verrichten – mit einer Mischung aus Diplomatie und sanfter Überredung. Dieses Geschöpf ist ein guter Organisator, obwohl es in einer akademischen Karriere wahrscheinlich mehr Erfolg erzielen wird, weil kein Hase sich die Hände mehr als unbedingt nötig schmutzig machen will. Man kann sich darauf verlassen, daß Hasen fast in jeder Gesellschaft bewundernswert zurechtkommen und auch am geschäftigsten Arbeitsplatz den Frieden aufrechterhalten, wobei sie beim niedrigsten Angestellten genauso beliebt sind wie beim Generaldirektor.

Viele Hasen entscheiden sich fürs Unterrichten, denn sie haben eine bewundernswerte Fähigkeit, Informationen zu übermitteln, fordern auf freundliche Weise Respekt und kommen mit Schülern fast jeder Altersgruppe leicht zurecht. Wenn eine akademische Karriere mißlingt, sind viele Hasen ziemlich glücklich damit, zu Hause zu bleiben. Arbeitslose Hasen bleiben es wahrscheinlich nicht sehr lange, und garantiert wird dieses einfallsreiche Geschöpf in jedem Fall beschäftigt bleiben – egal was passiert.

Die allerbeste Position für den Hasen wäre im diplomatischen Corps; daher findet man sie unter Eheberatern, Psychologen oder Personalbeauftragten. Der Hase ist sehr vornehm und würde sich hinter dem Rezeptionstisch eines Nobelhotels wohl fühlen. Man trifft ihn ebenfalls in den Reihen kreativer Leute, denn hier haben wir den geborenen Designer, Künstler oder heiteren Schreiber. Hasen mögen es, von begeisterungsfähigen Leuten umgeben zu sein, und gedeihen am besten inmitten jener, die grundsätzlich dieselben Leidenschaften teilen, die auch den Hasen selbst motivieren. Dies ist einer der Gründe, warum es ziemlich normal ist, zwei oder mehr Hasen-Typen bei derselben Beschäftigung zu finden.

Leben mit dem Hasen

Trotz der ein oder zwei Schattenseiten, die im Abschnitt über die guten und schlechten Seiten des Hasen erwähnt wurden, haben Sie wirklich Glück, wenn Sie sich für ein Leben mit einem liebevollen Hasen entschieden haben. Es ist wirklich schwer, mit diesem Charakter zu streiten, selbst wenn es sich um große Ärgerlichkeiten handelt, ist es fast unmöglich, dem Hasen lange böse zu sein.

Als Geliebter ist der Hase aufmerksam und freundlich, kann sich Ihren Bedürfnissen anpassen und ist immer bereit und fähig, das Richtige zur richtigen Zeit zu sagen. Dazu kommt eine Kultiviertheit, die sich über jedes gewöhnliche oder vulgäre Verhalten hinwegsetzt, ein profunder Sinn für Humor und eine Vorliebe für Reisen – vielleicht ziehen Sie jetzt schon Ihre Jacke an, um dem nächsten Hasen, den Sie finden können, einen Heiratsantrag zu machen. Halten Sie jedoch einige Augenblicke inne, denn nicht alles, was glänzt, ist Gold, und als Zimmergenosse oder Geliebter, mit dem man zusammenlebt, besitzt der Hase noch eine andere Seite, die zu gegebener Zeit nicht ganz so ansprechend erscheint.

Zunächst gibt es, obwohl dieses Geschöpf nur allzu gut Romeo oder Julia spielen kann, bestimmt nicht jene Beständigkeit »bis zum Tod«, wie es bei diesen vom Schicksal zusammengeführten Liebenden alter Zeit der Fall war. Sie werden Ihren Teil beitragen müssen, damit der Hase das Interesse an der Beziehung behält, und dürfen den starken Sexualtrieb nicht vergessen, den die Natur im Schema des Hasen angelegt hat. Ob es Ihnen gefällt oder nicht: Der Hase ist nicht gerade der treueste Mensch, den man sich vorstellen kann – was kein Problem darstellt, solange Sie all die Anregung bieten, geistig und anderweitig, die er verlangt. Es kann noch dazu ziemlich ermüdend sein, Hasen um sich zu haben, die schnell depressiv werden, wenn das Leben nicht so erfüllt ist, wie es sein könnte. In einer solchen Phase ist der Hase vielleicht kein so guter Gefährte, und es mag Zeiten geben, da es angemessen erscheint, ein oder zwei Worte zu sagen, von denen Sie wissen, daß Sie sie zu gegebener Zeit bereuen werden – so sehr kann Sie der Hase ärgern. Die Vorliebe des Hasen für Ruhe und Behaglichkeit könnte zeitweise wie ein fauler Zug wirken, und auch wenn Sie ihn oder sie so sehr lieben, wie es zweifellos der Fall sein muß, begegnen Sie hier jemandem, der ernsthaft erwartet, von allem das Beste zu bekommen.

Wenigstens verfügt diese Spezies über eine fast ansteckende Fruchtbarkeit, und für viele Menschen mag allein dies eine Menge wert sein. Das Wichtigste ist jedoch: Hase-Menschen brauchen Sie so sehr!

Verträglichkeiten des Hasen

Um zu sehen, wie es dem Zeichen des Hasen allgemein in Beziehungen mit anderen Bewohnern des chinesischen kosmischen Zoos ergeht, werfen Sie einen Blick auf die untenstehende Tabelle. Die höchste Punktzahl für perfekte Harmonie ist 8.

Hase + Ratte	= 6	Hase + Büffel	= 6
Hase + Tiger	= 4	Hase + Hase	= 7
Hase + Drache	= 6	Hase + Schlange	= 6
Hase + Pferd	= 3	Hase + Ziege	= 8
Hase + Affe	= 5	Hase + Hahn	= 1
Hase + Hund	= 7	Hase + Schwein	= 8

Der Hase und die Gesundheit

Der Hase ist im Grunde ein ziemlich nervöser Mensch und neigt leicht zu psychosomatischen Beschwerden der einen oder anderen Art. Dies trifft besonders auf das Individuum zu, welches – ohne eigenes Verschulden – ein stressiges und eingeschränktes Leben führt. Hasen sind Pflanzenfresser, und so halten sich vielfach auch ihre menschlichen Ebenbilder mit Vorliebe an eine Ernährung, die hauptsächlich aus Pflanzenprodukten besteht. Grüne Salate und viel gesundes Gemüse sind am besten, wohingegen verarbeitete oder fertige Nahrung wie Pizza und Hamburger diesem Geschöpf nicht dienlich sind; es sei denn, dies bleibt eher die Ausnahme als die Regel.

In Verbindung mit der westlichen Astrologie leidet der Hase leicht unter Fußkrankheiten. Wenn man dies beachtet, ist gutes Schuhwerk wesentlich und sensible Pediküre von ausgesprochenem Vorteil. Es scheint offenbar auch ein Zusammenhang mit den Nieren zu bestehen, daher ist es für den Hasen wichtig, viel frisches, reines Wasser zu trinken.

Hasen mögen keine Kälte und Feuchtigkeit, und im Winter findet man sie oft am warmen Feuer, wo sie ihre Zehen wärmen. Nichtsdestotrotz sollte man sich daran erinnern, daß der Hase jeden Tag eine anständige Dosis Bewegung braucht, um gesund zu bleiben. Aufgrund eines angeborenen trägen Zugs und dem Wunsch, nur das Allernotwendigste zu leisten, um ein bequemes Leben zu führen, ist dies oft nicht leicht zu bewerkstelligen.

Der Drache

Über den Drachen

Auch westliche Erzählungen über Drachen stellen klar, daß jeder Ritter mit Selbstachtung seine Sinne beisammen haben muß, um dieses furchteinflößende Biest zu besiegen. Obwohl die Chinesen immer eine größere Schwäche für diese schuppige, mystische Kreatur hatten, als es im Okzident der Fall war, blieb der allgemeine Charakter des Drachen ähnlich.

Eingedenk der sagenumwobenen Vorlage haben wir eine Einschätzung der Art von Menschen, mit denen es die Chinesen alter Zeit zu tun zu haben glaubten, als sie dieses Zeichen beschrieben, denn der Drache kann ein furchteinflößendes Tier sein – um so mehr, wenn er mit den Augen furchtsamerer Geschöpfe betrachtet wird. Drachen neigen von Natur aus zu Dominanz, und es stört sie nicht, wenn sie auf Widerstand stoßen – hier finden wir eine Energie und Entschlossenheit, die es mit jedem anderen Zeichen des Tierkreises aufnimmt. Dreist und ohne Angst entscheidet sich der Drache, dem Leben frontal zu begegnen, wetteifert stets und muß unbedingt gewinnen.

Glauben Sie nur nicht, daß dieses feuerspeiende Überbleibsel aus dem Märchen die Dinge immer klar durchdenkt. Es steht ganz im Gegenteil fest, daß der Drache ein impulsives Wesen hat. Während wir anderen die nächste Aufgabe auf unserer persönlichen Tagesordnung einschätzen, ist der Drache bereits voll bei der Arbeit. Rückschläge sind naturgemäß zu erwarten. Wenigstens kann der Drache aus vergangenen Fehlern lernen.

Dieses Wesen ist nicht dafür geschaffen, irgend jemandem zu folgen; es erträgt Dummköpfe nicht gelassen – und dazu kann jeder gehören, der nicht genauso progressiv und ehrgeizig denkt. Der Drache maßt sich so hartnäckig an zu wissen, wovon er redet, daß es sehr wenige Individuen wagen, dagegen zu argumentieren.

Der Drache besitzt häufig eine ethische Grundausrichtung und kann ein Pedant sein. Hier begegnen wir natürlichem Feuer, gleichgültig, welches Element das Geburtsjahr des Drachen beherrschte. Wenn man in der Öffentlichkeit unterwegs ist, kann man den Drachen sehr einfach ausmachen – besonders in der Nähe der Reklamationsabteilung eines Kaufhauses. Der Drache ist die Person an der Theke, die eine Erstattung verlangt oder sich über die Qualität der Produkte beschwert. Aber trotz all dem Rauch und Feuer, die die Ankunft des Drachens begleiten, wissen Sie wenigstens, daß ein tapferer Streiter zur Stelle ist. Und wenn der Drache Ihnen einmal zugetan ist, sind Sie sein Freund für das ganze Leben.

Gute und schlechte Seiten des Drachen

Im Grunde ist der Drache ein geborener Krieger, und als solcher kann man nicht erwarten, daß er der geduldigste Mensch der Welt ist. Die Tatsache, daß Drachen – weiblich oder männlich – unweigerlich davon ausgehen, im Recht zu ein, sogar dann, wenn man schlüssig nachweist, daß ihr Standpunkt nicht stichhaltig ist, verstärkt diese Neigung. Hierin liegt das größte Problem für dieses Geschöpf, und einige seiner schlechtesten Eigenschaften werden davon unterstützt.

Von sich selbst eingenommen, tyrannisch und ausgesprochen herrisch – all diese Beschuldigungen werden in Richtung des Rauches und der Flammen geschleudert, die aus den Nüstern des Reptilienkönigs quellen. Spielen Sie irgend etwas – von einer Partie Schach bis zu einer Runde Golf – mit einem Drachen, und wenn Sie nicht besonderes Glück haben, werden Sie feststellen, daß Sie sich in einem Kleinkrieg befinden. Es wäre auch nicht klug, das Spiel zugunsten des Drachens aufzugeben, denn dies ist ein Kämpfer, der entschlossen ist, durch eigenen Verdienst zu gewinnen, auch wenn der eigene Leib und das Leben bedroht werden könnten – vom Ende einer schönen Freundschaft ganz zu schweigen. Der Drache ist oft prahlerisch, arbeitet unweigerlich den nächsten Plan aus, um alles von einer Firma bis zu einem Land zu führen, verliert nie, niemals einen Streit, und es ist ihm fast unmöglich, sich zu entschuldigen. Der Drache ist in geschäftlicher Hinsicht dynamisch, muß Generaldirektor sein und findet es sehr schwierig, von irgend jemand Anweisungen entgegenzunehmen. Natürlich hat jede Münze immer zwei Seiten, und ungeachtet all des Rauches und Wütens, zu dem der Drache fähig ist, schlummert unter dieser gepanzerten Haut auch eine im Grunde freundliche Person.

Sie werden beobachten, daß der Drache gelegentlich extrem vielseitig und sogar genial ist. Obwohl er sehr ehrgeizig ist, kann der Drache genauso hart dafür arbeiten, einerseits ein Wohltätigkeitsunternehmen zu gründen, andererseits seine eigene Schatzkiste zu füllen, und ist wahrscheinlich das loyalste aller chinesischen Tierkreiszeichen. Der Drache ist fast unfähig, bei irgend etwas zu betrügen; er kann weitermachen, wenn alle anderen auf der Strecke geblieben sind, und ist ein Streiter für den Schwachen, der sich dessen würdig erweist. Natürlich gibt es Zeiten, da der Benachteiligte glücklich wäre, zu bleiben, wo er ist – nicht, daß dies irgendeinen Einfluß auf das Verhalten des unzähmbaren Drachen hätte, der seine Klauen in allem hat und für den Loslassen schwer, wenn nicht unmöglich, ist. Aus diesem Grund wird dem Drachen oft Übereifer vorgeworfen, und das könnte für einen gelegentlichen leichten Mangel an Popularität verantwortlich sein.

Der Drache bei der Arbeit

Was der Drache mehr als alles andere im Leben benötigt, ist das Gefühl, daß er das Sagen hat. Aus diesem Grunde neigt er dazu, zur Spitze jeder Gruppe zu streben – gleichgültig, wie prosaisch oder niedrig die zu erledigende Aufgabe sein mag. Der Drache ist ein harter Arbeiter, leistet immer mehr Stunden als jeder andere und will für seine eigene Firma garantiert das Beste.

Firmenmanager, die einen Drachen einstellen, werden zunächst ihren Glückssternen danken, einen solch vielseitigen und gewissenhaften Mitarbeiter gefunden zu haben; wenn es auch nicht lange dauern könnte, bis ihnen einige Zweifel kommen – besonders, wenn sie zurückschauen. Der Drache hat originelle Ideen zur Verbesserung fast jeder Situation, kann Herstellungsprozesse revolutionieren und verkleinert dabei wahrscheinlich die Belegschaft.

Man muß fairerweise sagen, daß der Drache kein Mensch ist, der niedere Aufgaben übernimmt, wenn er auch lieber die Straße fegen würde, als gar nichts zu tun. In diesem Fall entwirft der Drache entweder einen größeren und effektiveren Besen oder arbeitet Pläne zum Bau einer Maschine aus, die den Job viel effizienter erledigen kann, läßt den Apparat patentieren und gründet dann eine Firma, um ihn herzustellen. Der Drache hat, sowohl als Chef wie auch als Arbeiter mit schwerfälligeren Typen nicht besonders viel Geduld, und er ist nur wahrhaft glücklich, wenn er den Schlüssel zum Waschraum der leitenden Angestellten bekommen hat.

Drachen bewähren sich bei den Streitkräften – schließlich sind sie von Natur aus ziemlich tapfer. Wie allen Menschen unterlaufen ihnen bei ihrer Arbeit Fehler, obwohl die des Drachens im Verhältnis immens sein können, denn wenn man kein großes Risiko eingeht, kann man keinen gigantischen Profit erwarten. Dennoch ist es eigentlich nicht der Gedanke des Geldverdienens, der den Drachen in Gang hält. Leistung ist alles, was wirklich zählt. Nachdem die erste Million verdient ist, ist der Drache bereits zu sehr damit beschäftigt, die nächste zu verdienen, um sich darum kümmern zu können, die erste auszugeben. Der Pfad führt stets weiter und nach oben, in Richtung auf irgendein schwer definierbares Ziel, das nur der Drache-Mensch selbst kennt. Drachen vertragen sich gut miteinander, wenn auch mehr in sozialer als in geschäftlicher Hinsicht.

Schließlich kann es immer nur einen König oder eine Königin gleichzeitig geben, und solcherart sieht sich der Drache tatsächlich selbst. Macht ist alles – also sei auf der Hut, Heiliger Georg!

Leben mit dem Drachen

Mehr als in jeder anderen Verbindung hängt der Kontakt mit den Drachen davon ab, welcher Art die Beziehung ist und welche Natur Sie selbst mitbringen.

Nicht jeder kommt mit den manischen Ausbrüchen, dem ständigen Kommen und Gehen und den arbeitssüchtigen Neigungen des durchschnittlichen Drache-Menschen zurecht. Andererseits könnte all das auch zu einem ziemlich bequemen Leben führen; besonders, da der Drache recht gut im Geldverdienen ist, sich jedoch wahrscheinlich in keinster Weise darum kümmert, wie es ausgegeben wird.

Obwohl er in romantischer Hinsicht zu einiger Leidenschaft fähig ist, reizt die Geschäftigkeit der Welt jenseits Ihrer Türschwelle den Drachen am meisten, was die Wahrscheinlichkeit herabsetzt, daß er im Hinblick auf neue Beziehungen andere Weidegründe suchen wird. Wenn Ihr Drache anruft, um Ihnen mitzuteilen, er müsse im Büro ein paar Überstunden machen, dürfen Sie ziemlich sicher sein, daß es die Wahrheit ist. Man könnte sogar unterstellen, all die angeborene Aggression arbeite auf jeden Fall gegen eine besonders romantische Neigung, denn die Scheidungsrate, jedenfalls wegen Treulosigkeit unter Drachen, scheint sehr niedrig zu sein.

Wichtiger ist hier, ob Sie es vertragen können, ständig kritisiert zu werden, dafür ins Gebet genommen zu werden, daß Sie nicht denselben Standpunkt teilen wie Ihr Liebster, und daß von Ihnen erwartet wird, Gedanken lesen zu können. Wenn die Antwort auf all diese Fragen »nein« lautet, werden Sie es ziemlich irritierend finden, den Drachen um sich zu haben. Andererseits müssen Sie an das Überraschungselement denken, das

das Leben mit diesem Menschen begleitet. Drachen sind bereit, aus einer Laune heraus fast alles zu wagen, wozu zum Beispiel ein Flug zu einem exotischen fernen Ort gehören könnte – vorausgesetzt, Finanzen und Arbeitsbelastung erlauben es. Der Drache ist ein guter Ehepartner, und alle Drachen nehmen ihre Verantwortung als Geliebter und Elternteil sehr ernst und kämpfen für diejenigen, die sie lieben, genauso hartnäckig wie für andere Aspekte des Lebens.

Hier hängt viel vom Wesen des Individuums ab, das sich für ein Leben mit dem Drachen entschieden hat. Diesem Menschen schmeckt es nicht, wenn man ihm auf irgendeine Art widerspricht oder in die Quere kommt. Die klügsten potentiellen Partner sind sich bewußt, daß ein bestimmtes Maß an Psychologie Wunder wirken kann und das das Feuer im Rachen des Drachens sieden läßt, die Flammen jedoch unter Kontrolle hält.

Verträglichkeiten des Drachen

Um zu sehen, wie es dem Zeichen des Drachen allgemein in Beziehungen mit anderen Bewohnern des chinesischen kosmischen Zoos ergeht, werfen Sie einen Blick auf die untenstehende Tabelle. Die höchste Punktzahl für perfekte Harmonie ist 8.

Drache + Ratte	= 8	Drache + Büffel	= 6
Drache + Tiger	= 6	Drache + Hase	= 6
Drache + Drache	= 7	Drache + Schlange	= 7
Drache + Pferd	= 6	Drache + Ziege	= 6
Drache + Affe	= 8	Drache + Hahn	= 7
Drache + Hund	= 2	Drache + Schwein	= 6

Der Drache und die Gesundheit

Wenn man bedenkt, welcher Menge Streß sich dieses Geschöpf ständig aussetzt, ist es ein Wunder, daß der Drache tendenziell so robust ist. Die Feststellung, daß der Drache gelegentlich zu heftigen Kopfschmerzen und auch Migräne neigt, ist dagegen vielleicht keine Überraschung. Angesammelter Streß neigt im Falle des Drachen dazu, diesen Weg zu nehmen, weil die Muskeln in Nacken und Kopfhaut ständig angespannt sind.

Drachen achten nicht sonderlich auf ihre Ernährung. Sie sind absolute Allesfresser, jedoch mit einer Vorliebe für Fleisch. Sie neigen nicht dazu, unverhältnismäßig viel Gewicht anzusetzen, und man findet sie gewöhnlich in der Schlange vor dem Straßenverkauf. »Blonde Jungfrauen« zählen heutzutage nicht zu den kulinarischen Vorlieben des Drachen, obwohl jene im Falle der männlichen Drachen durchaus den Appetit in andere Richtungen anregen könnten. Routine wird ihn zum Wahnsinn treiben, und wie so viele andere der chinesischen Tiere kann der Drache unter dieser Gleichförmigkeit oder langen Zeiträumen von ständigem Streß leiden. Im großen und ganzen ist der Drache, obwohl keinesfalls unzerstörbar, gewöhnlich gesünder, als er es durch seinen Lebensstil offenbar verdient.

Der Drache spricht sehr gut auf Ortsveränderungen an, daher sind Ferien in regelmäßigen Abständen ein Muß. Verwirrung, in emotionaler oder anderer Hinsicht, sollte vermieden und eine beständige, organisierte Routine unterstützt werden.

Die Schlange

Über die Schlange

Wie ihr Mitgeschöpf die Ratte hat die Schlange im allgemeinen schlechte Presse, soweit es die Menschheit betrifft. Glücklicherweise waren die chinesischen Magier und Astrologen alter Zeit, jene unergründlichen Beobachter der Natur, nicht den in anderen Kulturen verbreiteten Vorurteilen ausgesetzt. Sie sahen in der zurückgezogenen Schlange viel Bewundernswertes und erkannten auch, wieviel sie mit bestimmten astrologischen Typen gemeinsam hat.

Im großen und ganzen sind Schlangen sehr zurückhaltende Geschöpfe und genauso verhält es sich mit Schlange-Menschen: Trotz einer oberflächlichen Schicht aus Geselligkeit, Vornehmheit und Glanz ist dieses Individuum im Grunde ein introvertierter Einzelgänger. Dieser Typus kann lange Stunden einfach zusammengerollt mit einem guten Buch verbringen oder in der Sonne liegen, reist gemächlich – wenn überhaupt – und freut sich mehr über Bekanntes statt Neues und Sensationelles. Trotz ihres reservierten Auftretens ist die Schlange jedoch kein Asket und versagt sich die feineren Dingen des Lebens keineswegs. Daher ist die Schlange unweigerlich makellos gekleidet, liebt gutes Essen und Trinken, besitzt einen starken Sexualtrieb und ist bezüglich Sauberkeit anspruchsvoll.

Der Schlange, die meistens durch Bildung besticht, sind alle sinnlichen Anregungen wichtig. In gesellschaftlicher Hinsicht ist die Schlange das elegant gekleidete Individuum, das die feinsten Wein- und Käsesorten genießt, liebend gern politisch-sozialen Gesprächen frönt und dennoch eine gewinnende, fast hypnotische Faszination an den Tag legt. Schlange-Menschen sind von Natur aus warmherzig und können gute Freunde sein, auch wenn sie eine Seite in sich tragen, die wenige Menschen jemals kennenlernen. Sie geben extrem schlechte Feinde ab, denn sie neigen wie die Geschöpfe, mit denen sie den Namen teilen, zum Zuschlagen, wenn man es am wenigsten erwartet. Was sie als ihre eigenen Interessen betrachten, verfolgen sie mit Raffinesse, und sie neigen nicht dazu, ihre Nase in das Leben anderer zu stecken. Trotzdem scheint die Schlange immer zu wissen, was vorgeht, und ist nicht leicht hinters Licht zu führen. Sie hat viele Aspekte, die man auch leicht mißverstehen kann, und ist häufig bereit, diese Situation aktiv zu unterstützen. Das hat einen ganz einfachen Grund: Was könnte besser sein, als jedermann im Ungewissen zu lassen? Alle Bewohner des Zoos täten gut daran, das Reptilienhaus im Auge zu behalten – und Vorsicht: Man unterschätzt die Schlange sehr leicht!

Gute und schlechte Seiten der Schlange

Dieses Individuum trifft keine Entscheidung leichten Herzens oder schnell – bis zu dem Punkt, daß einige unfreundliche Leute die Schlange einer gewissen Faulheit beschuldigen. Tatsächlich hängt alles von Ihrer Sichtweise ab und hängt vielleicht damit zusammen, ob Sie selbst eine Schlange sind oder nicht! Es stimmt – Schlangen lieben es, herumzulümmeln, und manchmal verhalten sie sich gemäß jenes wundervollen Zitats aus *Drei Mann in einem Boot*: »Arbeit? Bewundere ich, ich könnte den ganzen Tag zuschauen!« Man sollte dies jedoch nicht so auffassen, als sei die Schlange nicht in der Lage, ihren gerechten Teil beizutragen, wenn es nötig ist. Schlangen sind gut in dem, was ihnen gefällt und können hart an Routineaufgaben arbeiten, solange Ihr Interesse anhält.

Die Schlange ist im allgemeinen sehr kultiviert, also kann man sicher sein, daß sie sich benimmt, wenn man mit ihr ins Restaurant ausgeht. Sie weiß wahrscheinlich mehr über gutes

Essen und Wein als Sie und beschämt beim Bestellen mit Sicherheit sogar den Oberkellner. All das sind zugegebenermaßen gute Merkmale, doch es könnte eine Peinlichkeit auftauchen, wenn das Essen aufgetragen wird, denn wenn es etwas gibt, das die Schlange liebt, ist es Essen. Tatsächlich ist die Schlange – um es nicht gerade gewählt auszudrücken – ein Vielfraß. Die schlimmsten der Sippe sind Sensualisten bis zum Exzeß. Zu ihrer Hingabe ans Essen kommt hinzu, daß sie Stunden im Bett verbringen können; sie lieben es, den ganzen Tag im Bett zu bleiben und können ein Vermögen für elegante Kleidung ausgeben. Können Sie der Schlange ihre hedonistischen Tendenzen vergeben? Sicherlich können Sie das, denn als Ausgleich für diese Tatsache berühren wir hier eine einmalige Aura aus Geheimnis und Faszination.

Die Schlange ist, dezent ausgedrückt, sexy, freundlich und aufmerksam. Sie ist ein guter Elternteil, normalerweise loyal und weiß zu gefallen. Wenn es darum geht, die Brötchen zu verdienen, ist die Schlange sehr gewitzt. Es fällt der Schlange ziemlich leicht, mehrere Jobs gleichzeitig wahrzunehmen, wenn dies für die bequeme Art von Existenz erforderlich ist, die sich dieses chinesische Zeichen wünscht. Das Beste von allem ist, daß es die charmante, zuvorkommende Schlange besser als irgendein anderes Zeichen versteht, sich selbst und auch Sie aus jeder Art von Schwierigkeiten herauszuholen. Wenn nötig, kann sie Berge versetzen, und sie bringt andere leicht dazu, in ihrem Namen zu arbeiten, sogar dann, wenn es um die Wurst geht. Die Schlange ist nicht geneigt, über sich selbst oder irgendeine Situation die Kontrolle zu verlieren, und ist ziemlich gut darin, Niederlagen in Siege zu verwandeln.

Die Schlange bei der Arbeit

Schlange-Menschen machen sich nicht gern die Hände schmutzig, also ist es höchst unwahrscheinlich, daß Sie von einem Mitglied dieser Bruderschaft im Overall begrüßt werden, wenn

Sie das nächstemal Ihr Auto zum Durchchecken bringen. Der Mensch, der sich Ihnen in der Boutique höflich und auf zuvorkommende Art nähert, könnte jedoch sehr wohl eine Schlange sein. Man findet diese Brut häufig in Geschäften und der Dienstleistungsindustrie allgemein. Zu den Berufen, die am besten zu einer Schlange passen würden, gehören Hotelmanager, Restaurantbesitzer, geschäftsführender Autoverkäufer, Schreibkraft, persönlicher Assistent oder leitender Angestellter. Das kann nur ein grober Querschnitt sein, denn wir haben es hier mit einem sehr vielseitigen Typ zu tun. Das Hauptkriterium ist, daß die Schlange sehr gut mit Menschen zurechtkommt und über einen ruhigen, vertrauenswürdigen Charme verfügt, der einem Eskimo einen Kühlschrank verkaufen könnte.

Die meisten Schlangen besitzen die Fähigkeit, auf die eine oder andere Art Geld zu machen und würden sogar einen Job annehmen, der eigentlich nicht ihren einmaligen Qualitäten entspricht, bevor sie gar keinen haben. Es ist nicht so, daß die Schlange etwas dagegen hat, mit einem guten Buch zuhause zu sitzen – es hat eher mit der Tatsache zu tun, daß die Schlange Geld benötigt, um die Art von Leben zu führen, das ihr am besten entspricht. Schlangen, die sich als Angestellte in einer niederen Position wiederfinden, können durch ihren Charme die Erfolgsleiter hinaufklettern, und man darf erwarten, daß sie eine einmal erreichte gehobene Position behalten.

Da sie im Grunde humanitär veranlagt ist, fühlt sich die Schlange auch unter Pflegepersonal und Ärzten zuhause. Hier finden wir eine Fähigkeit, sich in andere einzufühlen, und man darf letztendlich eine Spezialisierung erwarten. Man trifft die Schlange auch im selbständigen Bereich an, obwohl dies durchaus dazu führen kann, daß sie sich einem energischeren und aggressiveren Partner unterordnet. Im Umgang mit Finanzen ist die gerissene Schlange unschlagbar – wenn Sie also ein Heidengeld an der Börse machen wollen, könnten Sie viel Schlimmeres tun, als sich an eine aufstrebende »Stadtschlange« zu hängen und dranzubleiben, egal was kommt! Es ist der Mühe wert, sich klar zu machen, daß eine Schlange, die Sie mag, sowohl mit Zeit als auch mit Geld sehr großzügig sein kann. Schlangen schätzen Reichtum, wenn auch mehr als Mittel zum Zweck statt als Zweck an sich. Aus diesem Grund ist die durchschnittliche Schlange auch glücklich, wenn sie ihre Gaben mit der ganzen Welt und jedem Individuum, das sie mag, teilen kann.

Leben mit der Schlange

Man kann sich nur schwer einen bezaubernderen Partner, Wohnungsgenossen oder einen umschwärmteren Verwandten vorstellen als die Schlange, die jedermanns Lieblingstante oder -onkel ist. Sie um sich zu haben, ist reine Freude und Wohltat.

Die Schlange besitzt einen Charme, den fast jeder spürt, und eine Faszination, die sogar in langjährigen Lebenspartnern den Wunsch aufkommen läßt, noch mehr über diese höchst geheimnisvolle Person zu erfahren. Ach, es gibt keine Perfektion, und obwohl es unwahrscheinlich ist, daß die Schlange Ihr Haus mit unangenehm lauter Musik füllt oder im ganzen Haus schmutzige Socken hinterläßt, müssen Sie vielleicht in ein zweites Badezimmer investieren, wenn Sie das Leben mit diesem Geschöpf angenehm gestalten wollen. Denken Sie daran, daß die Schlange ein Genießer ist, der endlose Stunden im Seifenschaum verbringen kann. Vielleicht müssen Sie auch einen kulinarischen Stern erwerben, denn wenn Sie nicht in der glücklichen Lage sind, eine küchenerprobte Schlange zu haben, werden Sie in lukullischer Hinsicht auf sich selbst gestellt sein. Nur das luftigste Soufflé und der knackigste Salat wird der Schlange zusagen, die Essen zu einer wahren Kunstform machen kann.

Wenn ein Ausgehen angesagt ist, beginnt die Schlange Stunden vorher damit, sich vorzubereiten. Haben Sie sie erst einmal aus der Speisekammer und aus dem Haus gelockt, erwartet Sie ein gutes gesellschaftliches Leben. Letztendlich liebt es dieses Geschöpf, sich auf unaufdringliche Weise unter Leute zu mischen, sieht oft sehr gut aus und schmückt in Gesellschaft jeden Arm. Die Schlange kann mit einem Tramp genauso glücklich sein wie mit einem Mitglied der königlichen Familie, scheint über jedes Thema etwas zu wissen, hat jedoch die kluge Begabung, jedem das Gefühl zu geben, er sei selbst ein Experte. Was die Präsentation betrifft, so ist besonders die weibliche Schlange von den tadellos frisierten Locken bis zur Spitze ihrer handgefertigten italienischen Schuhe die Eleganz in Person. Und im Falle beider Geschlechter ist das, was Sie in der Verpackung finden, fast so verführerisch, wie man es vernünftigerweise erwarten kann.

Die Schlange kann übellaunig werden, wenn die Dinge nicht so laufen, wie sie es wünscht, und reagiert dann ein wenig ungemütlich. Sie vermag zeitweise zu schmollen, obwohl die richtige Art von Ermutigung die Schlange praktisch umgehend in ihren normalen, ausgeglichenen Zustand zurückversetzt.

Verträglichkeit der Schlange

Um zu sehen, wie es dem Zeichen der Schlange allgemein in Beziehungen mit anderen Bewohnern des chinesischen kosmischen Zoos ergeht, werfen Sie einen Blick auf die untenstehende Tabelle. Die höchste Punktzahl für perfekte Harmonie ist 8.

Schlange + Ratte	= 6	Schlange + Büffel	= 8
Schlange + Tiger	= 3	Schlange + Hase	= 6
Schlange + Drache	= 7	Schlange + Schlange	= 7
Schlange + Pferd	= 3	Schlange + Ziege	= 4
Schlange + Affe	= 3	Schlange + Hahn	= 8
Schlange + Hund	= 6	Schlange + Schwein	= 1

Die Schlange und die Gesundheit

Obwohl die Schlange eine ziemlich robuste Natur hat, kann menschliche Verausgabung gelegentlich ihr eigener schlimmster Feind sein. Das Problem liegt in der großen Vorliebe der Schlange für Essen und Trinken. Dies mag im frühen Leben kein sonderliches Hindernis darstellen, doch im mittleren Alter könnte die Schlange nur allzu leicht eine ziemlich gewichtige, kartoffelförmige Statur annehmen. Es belastet natürlich das Herz, wenn man zuviel Gewicht mit sich herumträgt, und läßt die Schlange vielleicht auch zu einem seßhafteren Lebensstil neigen, als eigentlich gut für sie ist.

Das Pferd

Über das Pferd

Das geschwindeste aller Tiere in der chinesischen Menagerie, das Pferd, stürmt mit einem Wiehern und ausschlagenden Hinterbeinen ins Bild. Dies ist kein domestiziertes Pony, sondern ein wildes, freies Geschöpf, mit dem die chinesischen Weisen alter Zeit sehr vertraut gewesen sein müssen. Und wie immer wußten diese pfiffigsten aller Beobachter genau, wovon sie sprachen, als sie das Zeichen des Pferdes für diesen Teil ihres Tierkreises festlegten.

Die hier geborenen Menschen besitzen Überschwang und Liebe zum Leben, die wahrscheinlich nicht ihresgleichen finden, sie hassen es, an einen Ort gebunden zu sein, und sind in ihrem Element, wenn man ihnen erlaubt, ihrem eigenen, etwas rätselhaften Kurs zu folgen. Die beste Art, ein menschliches Pferd zu zähmen, besteht darin, ihm oder ihr zu schmeicheln und sich auf die sehr reale Intelligenz zu beziehen, die diesem aufgeweckten Kopf entspringt. Das Pferd wird auch ein paar positive Dinge über Sie äußern können – wenn auch keiner weiß, ob er oder sie morgen noch dasselbe sagt. Das menschliche Pferd ist unberechenbar, kapriziös, kokett und genauso quecksilberig, wie es daherkommt.

Wenn Sie ein Pferd um sich haben, besteht eine gute Chance, daß es Ihnen nicht an Unterhaltung mangeln wird – schließlich ist dieser Charakter der geborene Schauspieler des Tierkreises: Sänger, Tänzer und Pfiffikus – alles in einem. Diesem Individuum fällt es schwer, das Leben länger als fünf Minuten ernst zu nehmen, obwohl es den beständigeren Büffel oder die mehr emotional motivierte Ziege zu täuschen versteht.

Jedes Pferd, das etwas taugt, beweist Ihnen schlüssig, daß Schwarz Weiß ist, und es verkauft Ihnen die Farbe obendrein. Das Pferd kann die meisten geistigen Puzzles im Nu lösen und findet es überhaupt nicht schwierig, gleichzeitig verschiedene, völlig unterschiedliche Aufgaben auszuführen. Auch wenn es ihm ein wenig schwerfällt, längere Zeit treu zu bleiben, ist Romantik der zweite Vorname dieses Tieres. Menschliche Pferde sind erfinderisch, willig, lustig, nervös und freundlich. Veränderung und Abwechslung sind im Leben dieses Individuums, dessen Toleranzschwelle für Langeweile wahrscheinlich niedriger ist als bei fast jedem anderen Tier im chinesischen Zoo, besonders wichtig. Gleichförmigkeit interessiert den durchschnittlichen Pferd-Menschen nicht sonderlich, und er hat meist einen radikalen und individuellen Zug. Seien Sie glücklich, wenn Ihr Pferd in der Nähe bleibt; versuchen Sie jedoch nicht, eines festzunageln, sonst sehen Sie nur noch die Hufabdrücke im Sand.

Gute und schlechte Seiten des Pferdes

Die Aura von Spaß, die das Leben begleitet, wenn ein Pferd in der Nähe ist, ist für jeden in seiner Umgebung offensichtlich. Das Pferd ist ein Sprecher, der garantiert die fadeste Zusammenkunft belebt— immer auf interessante Art. Wenn der Vortrag auch anregend sein mag, kann man unglücklicherweise nicht sicher sein, daß das Pferd wirklich weiß, worüber es eigentlich spricht. Dies ist der unwissende Hochstapler des Tierkreises – nicht aus bösem Willen oder nicht einmal mit der Absicht, irgendeinen Schaden anzurichten; doch er schafft Verwirrung und manchmal Differenzen, wo immer er hingeht.

Der größte Vorwurf, der dem Pferd gemacht wird, bezieht sich darauf, daß es einen solchen Schmetterlingsgeist hat und dazu neigt, eine neue Aufgabe zu beginnen, bevor die letzte fertiggestellt wurde. Auch wenn dies in gewissem Umfang zutrifft, muß man sich daran erinnern, daß der Pferd-Mann oder die Pferd-Frau gewöhnlich ziemlich gut darin sind, mit einer Reihe von Situationen gleichzeitig umzugehen, und die meisten davon ziemlich gut handhaben können. Ganz gleich, worin die zu erledigende Aufgabe besteht – Enthusiasmus ist immer dabei. Dummköpfe mischen sich jedoch in Dinge ein, an die sich sonst niemand heranwagt, und es bestehen wenig Zweifel, daß das Pferd als größter Dummkopf im chinesischen Zoo betrachtet wird. Es ist wichtig, im Denken und Handeln Kontinuität anzustreben – aber schließlich gibt es in der Welt so viel zu sehen und zu erleben, und das Pferd möchte nichts davon verpassen.

Das Pferd liebt es, sich zu amüsieren und möchte, daß Sie es auch tun. Hier könnte ein Problem auftauchen, da es nur schwer verstehen kann, daß Ihr Geist anders arbeiten könnte und Sie sich vielleicht für Ihren eigenen Weg entscheiden. Wenn ihre Bemühungen durchkreuzt werden, können Pferde giftig und nervös reagieren. Sie haben einen einmaligen Charakter – fast bis zu dem Punkt, an dem sie ausgesprochen exzentrisch werden und niemandem gestatten, sich in ihr Leben einzumischen.

Das Verhalten des durchschnittlichen Pferdes hat nichts bewußt Böswilliges an sich, aber das verhindert keine Schwierigkeiten oder manchmal sogar Katastrophen im Leben jener, mit denen es Kontakt hat. Oft entstehen diese aus einem Mißverständnis hinsichtlich dessen, was das Pferd im wesentlichen ist und was es eigentlich braucht. Für Menschen, die sich unter Pferd-Typen mischen, ist es mehr als bei jedem anderen Zeichen ratsam, wenn sie im voraus wissen, was sie erwartet, denn: Gefahr erkannt, Gefahr gebannt!

Das Pferd bei der Arbeit

Das Pferd ist ein geborener Kommunikator, und für welche Karriere auch immer es sich entscheidet – es ist notwendig, daß dieser Tatsache Rechnung getragen wird. In Freiheit ist das Pferd ein Herdentier, und sein menschliches Gegenstück ist nicht sehr viel anders. Darum ist das Pferd in einer Gruppensituation in seinem Element, wo Ideen herumspringen, verändert, modifiziert und schließlich in Aktion umgesetzt werden können. Die Welt der Werbung, der Journalismus, die Öffentlichkeitsarbeit und der Verkauf weisen alle eine hübsche Anzahl Pferd-Typen auf. Man findet das Pferd auch in Beratungssituationen, denn es kann ebenso gut zuhören, wie es sprechen kann.

Am meisten haßt es das Pferd, an irgendeine Art von unflexibler Routine gebunden zu sein, also werden Sie diesen Menschen nicht oft an einem Fließband oder beim Aufmalen der Schnäbel auf Plastikenten antreffen. Wenn es jedoch darum geht, sich einen genialen Weg auszudenken, damit andere solche Aufgaben auf effizientere Art ausführen können, ist das Pferd in seinem Element. Ideen sind *die* Sache, und solange das Pferd diese – zusammen mit seiner einmaligen Persönlichkeit – ausdrücken kann, haben Sie ein zufriedenes Pferd auf der Gehaltsliste.

Wenn das Pferd sich für die Selbständigkeit entscheidet, funktioniert das am besten, wenn es eine Partnerschaft mit einem weniger geselligen und etwas geordneteren Typ eingeht, um den Enthusiasmus des Pferdes zu dämpfen und sicherzustellen, daß die Bücher auf dem aktuellen Stand bleiben. Dem Pferd, das einfach weiterkommen und tun möchte, was immer nötig ist, um die Brötchen zu verdienen, sind Details nicht wirklich wichtig. Papierstapel, mit denen man sich befassen muß, lassen das Pferd in den Sonnenuntergang galoppieren, wobei sogar schon eine Androhung von Langeweile genügt, und das Pferd durchforstet die Stellenanzeigen nach einer lohnenderen Karriere. Dies ist ein Mensch, der sich in seinem oder ihrem Arbeitsleben mehr als einer Karriere erfreuen kann, und diese können extrem unterschiedlich sein. An Vertrauen für einen neuen Start mangelt es selten, auch nicht an der nötigen Intelligenz. Pferd-Menschen beginnen oft in ihren mittleren Jahren mit einer neuen Ausbildung. Sie können nie genug lernen, um zufrieden zu sein, sind ideale Kandidaten für weitere Schulungen und lieben Herausforderungen.

Wie etabliert es in seiner Karriere auch sein mag – das Pferd ist immer glücklich, wenn es die Feierabendsirene hört; denn für dieses gesellige und lebenslustige Geschöpf ist Arbeit Mittel zum Zweck und kein Zweck an sich.

Leben mit dem Pferd

Für die richtige Art Mensch kann das Leben mit dem Pferd eine sehr belebende und ereignisreiche Erfahrung sein. Zum einen sorgt das Pferd garantiert dafür, daß es ständig etwas zu lachen gibt – es nimmt das Leben nicht allzu ernst und ist auf jeden Fall der natürliche Joker im chinesischen Deck. Seien Sie dennoch vorsichtig, denn das Pferd kann sehr unorganisiert sein— es hinterläßt im ganzen Haus dreckige Wäsche, und wenn es sich entscheidet, ein Essen zu kochen, könnte der Zustand der Küche anschließend an die Auswirkungen einer mittelalterlichen Schlacht erinnern.

In emotionaler Hinsicht ist dieses Geschöpf ein wankelmütiger Charakter – es kann ein überwältigender Charmeur sein, bleibt jedoch gewöhnlich treu, wenn er oder sie von Ihnen die Anregung erhält, die das Pferd so nötig braucht, damit es glücklich und zufrieden bleibt. Das Pferd ist kein Nörgler – jedenfalls dann nicht, wenn Sie sofort dabei sind, wenn es ausgehen und einen Ausflug in die Glitzerwelt machen will. Das mag häufig vorkommen, auch dann, wenn Sie nicht gerade in Bestform sind. Wenn das Pferd aufbleiben und die ganze Nacht Boogie-Woogie tanzen will, erwartet es von Ihnen, daß Sie Ihre Augenlider mit ein paar Streichhölzern abstützen und mithalten.

Der Pferd-Mensch gibt sich Exzessen aller Art hin und sitzt selten länger als einige Minuten still. Vielleicht versuchen Sie trotzdem, ihn oder sie dazu zu bringen, sich auf ein gutes Buch einzulassen, denn das ist – abgesehen von völliger Erschöpfung – so ziemlich das einzige, das das Pferd für zwei Stunden am Stück am gleichen Ort hält.

Da es freundlich ist und im großen und ganzen Rücksicht auf Ihre Gefühle nimmt, kann das Pferd ein wahrer Romantiker sein – auch wenn es Sie in dem Augenblick vergißt, in dem etwas oder jemand Anregenderes daherkommt. Dies ist der äußerst aufreizende, liebenswerte Vagabund des Tierkreises; ein ewiges Kind, das einen bewundernswerten Elternteil abgibt – einfach deshalb, weil es vergessen hat, selbst erwachsen zu werden. Eine durchschnittliche Pferd-Mutter oder ein -Vater ist nicht damit zufrieden, für die Kinder ein Picknick einzupacken, sondern wird vielmehr danach streben, jeden kleinen Ausflug zu einem Abenteuer grandioser Dimensionen zu machen. Und wenn es zu Weihnachten eine neue Eisenbahn gibt, ist es sehr wahrscheinlich, daß jedes Kind der Umgebung ohne weiteres bis zum zweiten Weihnachtsfeiertag warten muß, bevor es auch nur einen Blick darauf werfen darf. Als Geliebter hält das Pferd eine Direktheit aufrecht, die verhindert, daß etwas schal wird, so daß das Leben mit dem Pferd zeitweise schwierig sein kann, jedoch nie, niemals langweilig ist.

Verträglichkeiten des Pferdes

Um zu sehen, wie es dem Zeichen des Pferdes allgemein in Beziehungen mit anderen Bewohnern des chinesischen kosmischen Zoos ergeht, werfen Sie einen Blick auf die untenstehende Tabelle. Die höchste Punktzahl für perfekte Harmonie ist 8.

Pferd + Ratte	= 1	Pferd + Büffel	= 5
Pferd + Tiger	= 8	Pferd + Hase	= 3
Pferd + Drache	= 6	Pferd + Schlange	= 3
Pferd + Pferd	= 7	Pferd + Ziege	= 7
Pferd + Affe	= 4	Pferd + Hahn	= 5
Pferd + Hund	= 8	Pferd + Schwein	= 6

Das Pferd und die Gesundheit

Obwohl Pferde unter vielen unbedeutenden Kinderkrankheiten leiden können, sind sie in ihren frühen Jahren wirklich zu beschäftigt, um längere Zeit am Stück von schlechter Gesundheit belästigt zu werden. Erst später im Leben tauchen aus zahlreichen Gründen wahrscheinlich Probleme auf. Zunächst einmal weiß das Pferd schlicht nicht, wie man sich ausruht, und das kann sowohl zu nervöser als auch körperlicher Erschöpfung führen. Das Pferd-Individuum wird nur allzu leicht tabak- oder alkoholsüchtig – beides gehört zu der sozialen Szene, an der das Pferd Gefallen findet, und auch dies könnte schließlich seinen Tribut fordern.

Idealerweise sollte das Pferd auf dem Land leben, viel an der frischen Luft sein und sich einer gut ausgewogenen und nahrhaften Ernährung erfreuen. Tatsächlich wird es wahrscheinlich keine dieser Überlegungen sonderlich beachten, bis schließlich schon einiger Schaden angerichtet ist. Wenn man jedoch unterstellt, daß eine der wichtigsten Komponenten von Gesundheit – wahrscheinlich die wichtigste – eine Neigung zum Glück ist, so setzt sich das Pferd in diesem Bereich durch, da es kaum längere Zeit ohne ein Lächeln bleibt. Und es trifft zu, daß das temperamentvolle und sorglose Pferd gewöhnlich vor Gesundheit und Vitalität strotzt. Belastungen sind jedoch ein ausgesprochenes Reizmittel und sollten unter allen Umständen vermieden werden. Dies werden die meisten Pferd-Typen vielleicht schwierig finden. Unter ihrer unbekümmerten Schicht verbirgt sich gelegentlich eine Bereitschaft, sich zu sorgen oder übermäßig unter Hochspannung zu stehen, dann wird eine Kombination aus Meditation und Entspannung helfen.

Die Ziege

Über die Ziege

Es ist nicht gerade einfach, sich Ziegen – insbesondere wilden – zu nähern. Sie fliehen beim ersten Anzeichen eines Fremden unweigerlich in die Berge. Wenigstens dies spiegelt einen Teil der geistigen Haltung der menschlichen Ziege, obwohl man auch sagen muß, daß die Ähnlichkeiten zwischen Tier und Mensch hier nicht so gut definiert sind wie im Falle anderer chinesischer Zeichen.

Sie werden feststellen, daß die Ziege unbefangen in Gesellschaft plaudert, solange es um den Austausch allgemeiner Nettigkeiten geht. Aber wenn die Trivialitäten einmal erledigt sind, wird sie bestrebt sein, die Konversation so zu lenken, daß Sie der Mitteilende sind – hauptsächlich, weil diese Menschen aus vielen Aspekten ihres eigenen Wesens ein gut gehütetes Geheimnis machen können. Nichtsdestotrotz ist die Ziege jedoch kultiviert und vornehm, entzückt von den schönen Künsten, Literatur und der Gesellschaft intellektueller Menschen, und sie wird ihre tiefe Seele offenbaren – wenn auch nur dann, wenn sie ihr Gegenüber sehr gut kennt und ihm völlig vertraut.

Die Ziege kann etwas von einem Genießer haben; eine Tatsache, die sich auf verschiedene Arten zeigt. Hier finden wir eine Liebe zu gutem Essen und Trinken und zu Extravaganz, wenn es um den Kauf von Kleidung oder persönlichem Schmuck geht. Trotzdem interessiert sich die Ziege eigentlich sehr wenig für materielle Belange und kann ohne weiteres auf einer abgelegenen Insel leben und ihre sinnliche Erfüllung in einer nahegelegenen verträumten Lagune mit warmen Sand und Kokospalmen finden.

Die durchschnittliche Ziege hat von Natur aus Glück; sie wird sich einer Sache hingeben, über die sie klare Ansichten hat, ist aber wahrscheinlich furchtbar unsicher, besonders was Beziehungen betrifft. Es kann für dieses Geschöpf ein Problem sein, mit anderen zurechtzukommen, und sie wird wahrscheinlich viele Bekannte, doch wenige wirkliche Freunde haben. Sie können monate- oder jahrelang neben einer Ziege arbeiten, ohne jemals wirklich zu erfahren, was in ihr vorgeht. Es kann gleichermaßen schwierig sein, sowohl den Ziege-Mann als auch die Ziege-Frau kennenzulernen, da ihre natürliche Zurückhaltung als eine Art Schale dient, die sie vor dem schützt, was sie oft als bedrohliche Welt betrachtet. Trotz dieser Zurückhaltung liebt dieses Individuum jedoch glühend, wenn es dies einmal gelernt hat, und – getreu der Natur der Ziege – gewöhnlich für ein ganzes Leben.

Gute und schlechte Seiten der Ziege

Dieses chinesische Tier besitzt eine Reihe unbestreitbar attraktiver Merkmale, und man kann sich nur schwer vorstellen, einem wirklich schwierigen Mitglied dieser Spezies zu begegnen. Die Ziege wird immer ihr Bestes tun, um Ihnen zu helfen, wenn Sie in Schwierigkeiten sind. Dies ist ein Merkmal, das auf persönlicher Ebene gewöhnlich sein Gutes hat, obwohl die Ziege in manchen Situationen mehr vom Vogel Strauß hat und den Kopf im Sand vergräbt, statt sich den harschen Realitäten des Lebens zu stellen. Dieser Handlungskurs ist nicht auf einen Mangel an Interesse, sondern auf Empfindsamkeit zurückzuführen. Für die weichherzige Ziege ist der Anblick hungernder Kinder oder verwundeter Tiere auf dem Fernsehbildschirm zutiefst schmerzlich. Weil diese Situationen außerhalb ihrer Kontrolle liegen, tut sie lieber so, als gäbe es sie nicht.

Ziegen sind sehr kreativ und oft selbst gute Künstler. Wenn sie dieses natürliche Flair nutzen, um Dinge gut zu gestalten, können sie jede Situation meistern und wenn sie zu den Cleveren gehören, auch Menschen beeinflussen. Dies tut sie mit echtem Interesse, so daß man im Falle dieses ungewöhnlichsten aller Menschen hier nur schwer von selbstsüchtigen Motiven sprechen kann. Mehr als die übrigen chinesischen Zeichen erhält die Ziege eine Charakterfärbung durch das hinzutretende Prinzip des jeweiligen Elementes, aber welches auch immer ihr Element ist – wenn Sie der Ziege in die Quere kommen oder sie ärgern, tun Sie dies auf eigene Gefahr, denn sie hat ein lange zurückreichendes Gedächtnis. Wenn sie sexuell motiviert ist, kann die Ziege diese natürliche Neigung nutzen und andere mit einer weiteren Facette ihrer Sinnlichkeit leicht manipulieren. Lassen Sie sich jedoch nichts vorgaukeln, die Ziege ist nicht promiskuitiv, und so wird es eher bei einem Flirt bleiben.

Oft werden diejenigen, die dieses Tierzeichen beobachten, gerade durch seine Vornehmheit verführt. Doch ist nicht alles Gold, was glänzt, also lassen Sie sich nicht weismachen, man habe bei der Ziege leichtes Spiel. Ziegen kämpfen hartnäckig für das, was sie als das Ihre betrachten, und wenn diese tiefe Natur wirklich in Schwierigkeiten oder bedroht ist, ist sie ein wahrhaft unnachgiebiger Feind.

Mit derselben Sicherheit wie das Tier, dessen Namen es übernommen hat, kann das menschliche Ziege-Individuum auf seiner Suche nach dem, was es sich am allermeisten vom Leben wünscht, hohe Berge erklimmen und breite Abgründe überspringen. Vielleicht dauert es einige Jahrzehnte, bis die Ziege ihr Ziel gefunden hat, aber sie wird keine Einmischung dulden und Ihnen sicherlich grollen, wenn Sie ihre Gefühle verletzen, nachdem sie sich Ihnen geöffnet hat.

Die Ziege bei der Arbeit

Die Ziege arbeitet gern, flexibel und gut. Dieses Wesen des chinesischen Tierkreises ist ziemlich anpassungsfähig, und so begegnen Sie der Ziege wahrscheinlich in fast allen Sparten. Sie hat jedoch Vorlieben – die Ziege ist beispielsweise ein ziemlich kultiviertes Geschöpf und wäre am glücklichsten in einer Karriere, die ihrer künstlerischen Sensibilität ein Ventil bietet. Ziegen sind selbst gute Künstler, wären ideal als Innenarchitekt, Technischer Zeichner, Schaufensterdekorateur und in ähnlichen Karrieren, wo eine geschickte Hand und ein gutes Auge wichtig sind.

Die Ziege muß nicht unbedingt ein Überflieger sein – dieser Charakter ist im Gegenteil mit höherer Wahrscheinlichkeit nicht als General, sondern als zweiter Befehlshaber in seinem Element. Das ist einer der Gründe, warum die Ziege eine ausgezeichnete Sekretärin oder persönliche Assistentin abgibt. Beide Jobs erfordern nicht nur Intelligenz und Wissen, sondern auch die Fähigkeit, gut auszusehen. Die Ziege bringt all diese Qualitäten mit und kann außerdem jedem Arbeitsplatz, wie geschäftig oder unpersönlich er auch sein mag, eine fröhliche und heimelige Atmosphäre verleihen. Die Ziege will stets gefallen, manchmal vielleicht ein wenig zu sehr, also seien Sie nicht überrascht, wenn diese Person bis zur Erschöpfung agiert, woraufhin sie wahrscheinlich einige Tage Erholung braucht.

Weibliche Ziegen – und auch einige männliche – besitzen einen mütterlichen Instinkt, weshalb man ihnen so oft in Berufen begegnet, in denen sie sich um andere kümmern. Pflege, geriatrische Arbeit oder Psychologie gehören zu den Möglichkeiten, und das Ziege-Kindermädchen ist oft ziemlich glücklich, wenn es sich sein Leben zu Hause einrichten kann, das Haus führt und nach den Kindern sieht, was für dieses Wesen zu einer eigenen Karriere werden kann. Es besteht kein Zweifel, daß die glücklichsten Ziegen ihren Beruf zu Hause oder in der Nähe ihres Heims ausüben. Das kann etwas paradox erscheinen, da die Ziege einen guten Reisenden, tatsächlich wahrscheinlich den besten Wanderer von allen abgibt, aber es hilft, die Unsicherheit zu verhindern, die das Kennzeichen dieses astrologischen Typs ist, wenn sie täglich ihren Wurzeln nahe ist.

Sollte es ihr – entweder aufgrund einer schwierigen Kindheit oder eventuellen Problemen im späteren Leben – nicht möglich sein, die Art vom heimeliger Umgebung zu schaffen, die so gut zu ihr paßt, kann sich eine Ziege, deren Pläne vereitelt wurden, ausschließlich in ihre Arbeit stürzen.

Leben mit der Ziege

Wenn es um Beziehungen sehr persönlicher Art geht, haben Sie sehr viel mit den psychologischen Bedürfnissen der Beteiligten zu tun, die auf der empfangenden Seite stehen, und das trifft besonders auf die Ziege zu. Natürlich sieht es anders aus, wenn Sie auf verwandtschaftliche Art mit einer Ziege leben oder eine als Wohnungsgenossin haben; aber wenn es um Intimität geht, hat die Ziege einige sehr einmalige Bedürfnisse.

Männliche Ziegen halten gewöhnlich nach einer Mutterfigur Ausschau, was auf eine eigentümliche Art zu den nährenden Tendenzen ihres eigenen Wesens paßt. Was weibliche Ziegen betrifft, so sind sie aufmerksame Partnerinnen, freundlich und im großen und ganzen verständnisvoll, wenn auch besessen von dem Wunsch, das Gefühl zu haben, uneingeschränkt geliebt zu werden. Die Ziege braucht einen schützenden Arm um ihre Schulter und kann schnell unsicher werden, wenn er nicht zur Verfügung steht oder im Laufe der Zeit zurückgezogen wird. Besonders die weibliche Ziege gilt oft als sexuelle Zeitbombe, die nur darauf wartet, daß der richtige Mensch daherkommt und die Zündschnur in Brand setzt. Alle Ziegen haben eine freie Einstellung zu persönlichen Beziehungen und neigen zu sehr körperlichen Begegnungen.

Wenn es um den Alltag geht, sind Ziegen gelassene Charaktere. Sie mögen ein aufgeräumtes, gut geregeltes und attraktives Heim, sind ausgezeichnete Eltern und kommen garantiert ihren Verantwortlichkeiten nach. Ziegen lieben es auch, zu reisen – besonders zu Wasser –, und wenn es um Veränderungen irgendwelcher Art geht, hängen Ziegen nicht an Althergebrachtem, solange sie sich weiterhin bei ihrem Partner sicher fühlen können. Dieser Aspekt der Ziege kann nicht genug betont werden, denn obwohl dieses Geschöpf sich in einem Zelt neben einem aktiven Vulkan häuslich einrichten kann, ist der wichtigste Aspekt, daß die Ziege sich zu Hause fühlen muß, was mehr ein psychologisches Bedürfnis als eine Frage von zusammenpassender Dekoration oder chinesischem Porzellangeschirr ist.

Ziegen können sehr unerschrocken sein, und sicher werden sie unter jenen zu finden sein, die als Forscher dem Nil zu seiner Quelle folgten oder als erste die Regenwälder Borneos durchforsteten. Sie sind so erpicht darauf, neue Pfade in die Welt zu erkämpfen, daß sie sich praktisch durch nichts aufhalten lassen. Unterwegs sind Menschen im Plural nicht sonderlich wichtig, aber wo immer die Ziege ihren unerschrockenen Schritt hinsetzt, wird sie mit großer Wahrscheinlichkeit zur Sicherheit und Gesellschaft einen Liebsten als ständigen Begleiter mitnehmen.

Verträglichkeiten der Ziege

Um zu sehen, wie es dem Zeichen der Ziege allgemein in Beziehungen mit anderen Bewohnern des chinesischen kosmischen Zoos ergeht, werfen Sie einen Blick auf die untenstehende Tabelle. Die höchste Punktzahl für perfekte Harmonie ist 8.

Ziege + Ratte	= 4	Ziege + Büffel	= 1
Ziege + Tiger	= 4	Ziege + Hase	= 8
Ziege + Drache	= 6	Ziege + Schlange	= 4
Ziege + Pferd	= 7	Ziege + Ziege	= 7
Ziege + Affe	= 4	Ziege + Hahn	= 4
Ziege + Hund	= 3	Ziege + Schwein	= 8

Die Ziege und die Gesundheit

Die Ziege ist im allgemeinen ein robustes Geschöpf und leidet relativ selten unter schlechter Gesundheit, wenn auch stärker als irgendein anderes menschliches Geschöpf im chinesischen Zoo – soviel hängt bei der Einschätzung der körperlichen Gesundheit vom emotionalen Zustand der Ziege ab. Im Grunde macht sich die Ziege ständig Sorgen – nicht so sehr um die Bezahlung der Benzinrechnung oder darum, daß die Hypothek auf dem laufenden ist, sondern mehr über den Zustand von Beziehungen und sogar über die weite Welt jenseits ihrer eigenen Tür.

Emotionale Verstimmungen jeder Art können, wenn man sie außer Kontrolle geraten läßt, bei der Ziege nervöse Spannungen hervorrufen, die sich – zusammen mit allgemeiner Schwäche – teilweise in Magenproblemen bemerkbar machen können.

Die Ziege muß das Gefühl haben, daß alles so ist, wie es sein soll; auch wenn dies bedeutet, sich im Unglück unerbittlich festzuklammern. Für die Ziege zählt nicht der Spielstand, sondern daß sie das Ziel kennt. Ziegen sollten daher nach einem seßhaften Leben streben und nicht zulassen, daß sich Erschöpfung oder nervöse Spannung mehr als absolut notwendig aufbaut. Gesunde Bewegung ist fast genauso wichtig wie eine gelegentliche Ortsveränderung. Mitglieder des Ziegenklans sollten sich außerdem vor allem darum kümmern, eine sichere Basis aufzubauen, denn sie betrachten bevorzugt von hier aus die Welt. Dieses Zeichen besitzt mehr Ausdauer, als es wahrscheinlich selbst erkennt, und aufgrund dieser Tatsache sind einige Ziegen ein wenig übervorsichtig und bekannt dafür, sich in Watte zu packen.

Der Affe

Über den Affen

Auch wenn sie weltweit eine mannigfaltige Gruppe darstellen, bezweifelt niemand den Erfolg oder die Intelligenz der Affen im allgemeinen. Als Spezies sind sie anpassungsfähig, erfinderisch, gesellig und sehr listig. Die chinesischen Astrologen alter Zeit waren zweifellos mit diesem liebenswerten kleinen Geschöpf, seiner gewinnenden Art und auch seinen boshaften Provokationen vertraut; daher war es besonders scharfsinnig von ihnen, diese Abteilung des Tierkreis-Zoos nach dem Affen zu benennen.

Wie ihre Tierebenbilder sind Affe-Menschen gern genausoviel in Bewegung wie jedes andere Zeichen. Aber der Affe muß die Dinge nicht übertreiben. Affen sind zwar in der Regel aktiv, können jedoch ebenso lange Ruhezeiten einlegen, wenn die Sonne scheint oder das Leben besonders flau ist. Was dieses Zeichen jedoch mehr als alles andere auszeichnet, ist seine Wendigkeit, denn der Affe kann mit scheinbar derselben vollendeten Leichtigkeit fast alles in Angriff nehmen. Dieser Aspekt des Affen kann weniger tüchtige Seelen aus der Fassung bringen, die den Typen oft als Angeber und Besserwisser sehen. Diese Beschuldigung ist vielleicht ein wenig unfair, weil dieser Mensch ein echter Hansdampf in allen Gassen ist, auch wenn Affen als Menschenschlag dazu neigen, andere herumzukommandieren.

Der Affe ist versessen auf Mode, liebt es, zu jeder Gelegenheit elegant auszusehen, und kann aus jeder gesellschaftlichen Situation das Beste herausholen. Da man hier sowohl einen guten Geschäftssinn wie auch den dazugehörigen Ehrgeiz findet, ist es für diesen speziellen Primaten nicht schwer, an die Spitze des Baumes zu gelangen.

Sowohl männliche als auch weibliche Affen besitzen tendenziell mehr als durchschnittlichen Sex-Appeal, was einer der Gründe ist, warum so viele andere Tierzeichen sie so häufig als Lebenspartner wählen. Gewöhnlich ist das Leben mit dieser Person ziemlich interessant und entspricht den Erwartungen einer ganzen Reihe anderer chinesischer Zeichen.

Nehmen Sie sich jedoch in acht, denn Sie haben es hier mit keiner einfachen Verbindung zu tun. Fast jeder Affe kann sehr empfindlich sein und mag überhaupt keine Kritik, die er stets persönlich nimmt. Der Affe hat ein sehr gutes Gedächtnis, gibt einen schlechten Feind ab und kann zeitweise regelrecht gehässig sein. Das Wichtigste ist jedoch, daß der Affe ein Ego besitzt, das seine Größe um ein Vielfaches übertrifft, und nicht davon zu überzeugen sein wird, daß er viele Fehler hat. Am liebsten hört er, wie wundervoll er ist.

Gute und schlechte Seiten des Affen

»Dieser Mensch ist überschlau!« Dieser Ausruf gilt häufiger als irgendeiner anderer Spezies in der menschlichen Menagerie dem Affen. Das Ärgerlichste ist, daß der Satz oft zutrifft. Man kann Intelligenz, Unverwüstlichkeit und Wendigkeit wirklich nicht als grundlegenden Fehler einstufen, doch in den geschickten Händen des Affen scheint es, als sei jedes einzelne genau das.

Was auch immer Sie sagen – der Affe weiß es besser; was auch immer Sie können – dieser kapriziöse Charakter schafft dasselbe in der halben Zeit auf doppelt so effiziente Weise. In fernöstlichen Kreisen hielt man den Affen oft für den König der Tiere, und wenn wir den Affe-Menschen bei der Arbeit beobachten, wird uns verziehen werden, wenn wir immer noch glauben, daß er es ist.

Nichtsdestotrotz ist dieses Wesen in verschiedener Hinsicht das menschlichste von allen, weil es weit mehr als andere bereit

71

ist, seine eigene Verletzlichkeit und sehr echte Unsicherheit zu zeigen. Im besten Falle ist der Affe ein so verläßlicher Verbündeter, wie man es sich nur wünschen kann, und fast bis zur Tollkühnheit tapfer. Er kann über ausgedehnte Zeiträume ohne Pause lange und hart arbeiten und tritt gewöhnlich für den Benachteiligten ein – auch dann, wenn der Kerl da unten eigentlich gar keinen Beistand will!

In jeder Situation, die mit sorgfältigem und mit wissendem Können eingeschätzt werden muß, um sie im Handumdrehen zu regeln, sollten Sie nach dem Affen Ausschau halten. Sein aggressiver Charakterzug steigert seine Kampfbereitschaft, sein Mut und seine Zähigkeit verhelfen ihm in der Regel zum Sieg. Diese freche kleine Kreatur, die in mancher Hinsicht mehr dem sprichwörtlichen Elefanten ähnelt, vergißt niemals etwas, das gilt jedoch nicht nur für die Gelegenheiten, da der Affe sich ungerecht behandelt fühlt.

Die Freundschaft mit dem Affen hält gewöhnlich ein Leben lang, und wenn Sie in Schwierigkeiten sind, wird er zur Stelle sein, um Ihnen soviel wie nur möglich abzunehmen. Der Affe mit seinem Sinn für Herausforderungen sortiert Ihre Probleme mit derselben Leichtigkeit, wie er von einem stürzenden Baum fällt, und stellt sich mehr oder weniger garantiert jeder Herausforderung, wo auch immer sie auftauchen mag.

Der Affe bei der Arbeit

Es gibt keinen Zweifel an der Tatsache, daß der Affe sich als natürlicher Führer oder Führerin betrachtet, weshalb es dieses chinesische Tier nicht freundlich aufnimmt, wenn es bei irgend jemand die zweite Geige spielt.

Der Affe will Ideen aushecken und dann in der Position sein, sie auch in die Praxis umsetzen zu können. Dieser Mensch, dessen Brüder und Schwestern in der Vergangenheit einen ziemlichen Querschnitt der Diktatoren der Welt ausmachten, ist mit einem Teil der Macht nicht zufrieden.

Ungeachtet dessen ist der Affe ein vielseitiges Geschöpf, daher findet man ihn bei fast jeder Art von Arbeit – vorausgesetzt, es sind ein bestimmter Grad von Autorität und viel persönliche Befriedigung herauszuholen. Jeder Beruf, der eine Kombination aus Gewandtheit und ein gutes Gedächtnis erfordert, entspricht dem Affen ganz und gar. Sein natürlicher Platz ist die Spitze des Baumes, und es ist gut möglich, daß der Affe die »kleine« Selbständigkeit einem »großen« multinationalen Konzern vorzieht, wenn er dadurch an der Spitze der Entscheidungen steht.

Solange die Dinge laufen, wie er es wünscht, ist der Affe ein guter und entgegenkommender Arbeitgeber, wenn er auch keine faule Einstellung duldet. Dieser Tiertypus bittet niemals jemanden, etwas zu tun, das er nicht selbst schon irgendwann ausgeübt hat, und wenn nötig, ist er bereit, niedere Aufgaben zu übernehmen – wie erhaben seine Position auch sein mag.

Man nähert sich dem Affen bei der Arbeit und überall sonst am besten schmeichelnd. Bitten Sie dieses Geschöpf um seine Hilfe, »weil ich weiß, daß du das besser kannst als irgend jemand sonst«, und Sie können fast sicher sein, daß Sie sofort jede Unterstützung bekommen, die Sie brauchen.

Ihr Affe-Kollege findet im Leben viele Gründe zu lächeln, und da es nicht schwer ist, mit dieser Person zu arbeiten, sollte das auch Sie glücklich machen. Da der Affe jedoch ein »spiegelndes« Wesen besitzt, ist auch Ihr eigenes spontanes Lächeln wichtig. Affen arbeiten am besten, wenn sie von glücklichen, lächelnden Gesichtern umgeben sind, denn unter solchen Umständen können sie unmöglich verhindern, daß sich auch auf ihrem eigenen Gesicht ein Grinsen von Ohr zu Ohr breitmacht.

Leben mit dem Affen

Obwohl er nicht für jeden ein idealer Partner ist, finden ihn viele überaus fröhlich und interessant, allerdings muß man ihm die Führung überlassen.

Gleichgültig, wie Ihre Beziehung zum Affen sein mag: Sie dürfen als Teil des Handels intellektuelle Anregung erwarten.

Der Primat ist ein Denker – in einem Ausmaß, daß es tatsächlich eine Weile dauern könnte, bis er Dinge erledigt. Affen sind gute Sexualpartner, denn sowohl männliche als auch weibliche können – sogar in einer etablierten Beziehung – unverschämt provokant sein. Dieses Wesen, das alles unternimmt, um das Feuer der Leidenschaft ständig brennen zu lassen, ist keineswegs ein kalter Fisch und glüht in jedem Fall in der Wärme von Bewunderung. Schreiben Sie ein romantisches Gedicht für Ihren Affe-Geliebten, und er wird fast alles für Sie tun; wenn Sie ihn jedoch provozieren oder verärgern, werden Sie nur noch den Staub sehen, während er auf dem nächsten mentalen Baum verschwindet.

Affen wünschen sich im allgemeinen eine ordentliche und gemütliche Wohnstatt, sind für Reisen zu haben und genießen Erholung und Sport außerhalb ihres Heims. Sie lieben den Sonnenschein und schätzen die Behaglichkeit eines schönen, abgeschlossenen Gartens, wo sie in Zeiten der Muße einfach ein oder zwei Stunden faulenzen dürfen. Trotzdem ist dies ein widersprüchlicher Charakter, denn nachdem er sich mehrere Stunden von der Sonne rösten ließ, kann der Affe mit Leichtigkeit die ganze Nacht feiern und das Hin und Her gesellschaftlicher Interaktion genießen.

Obwohl er im frühen Lebensalter promiskuitiv sein kann, was teilweise auf eine überaktive Imagination zurückzuführen ist, ist der Affe loyal und streunt für gewöhnlich nicht weit aus seiner etablierten Beziehung weg. Ihr Affe wird mit Freuden in fast jeder Situation zu Ihnen halten, auch wenn er Ihnen später sicher erklärt, wie Sie sich hätten vernünftigerweise aus der Affäre ziehen können.

Dies ist eine von Natur aus tapfere, nachdenkliche und beharrliche Person mit einem guten Gedächtnis. Was sie auf die eine Art nicht erreichen kann, wird sie auf eine andere versuchen. Nicht jeder versteht, was den ziemlich komplizierten Affen in Gang hält, und viele Menschen machen sich auch nicht die Mühe. Wenn Sie es tun, hüten Sie sich jedoch vor seinen Denkprozessen, denn es gibt Zeiten, da der Affe nicht widerstehen kann, Sie irrezuführen!

Verträglichkeiten des Affen

Um zu sehen, wie es dem Zeichen des Affen allgemein in Beziehungen mit anderen Bewohnern des chinesischen kosmischen Zoos ergeht, werfen Sie einen Blick auf die untenstehende Tabelle. Die höchste Punktzahl für perfekte Harmonie ist 8.

Affe + Ratte	= 8	Affe + Büffel	= 4
Affe + Tiger	= 1	Affe + Hase	= 5
Affe + Drache	= 8	Affe + Schlange	= 3
Affe + Pferd	= 4	Affe + Ziege	= 4
Affe + Affe	= 7	Affe + Hahn	= 4
Affe + Hund	= 6	Affe + Schwein	= 6

Der Affe und die Gesundheit

Die meiste Zeit ist der Affe zu beschäftigt und zu sehr am Leben interessiert, um viele Krankheiten zu entwickeln, und es scheint, als sei dieses Geschöpf im ganzen eines der gesündesten in der chinesischen Menagerie.

Manchmal erwartet der Affe etwas mehr von sich selbst, als er geben kann, was allein schon zu einem gesundheitlichen Zusammenbruch führen kann. Achten Sie auf Bluterkrankungen und das Kreislaufsystem, es ist wahrscheinlich der schwächste Teil der Affen-Konstitution. Im späteren Leben sollte das Herz geschützt werden, und eine gehaltvolle Ernährung ist eine erfolgreiche Beigabe für gute Gesundheit.

Wie sein tierisches Gegenstück ist der Affe ein Allesfresser, der seine Nahrung aus einer Reihe verschiedener Quellen erhält, obwohl reiche und fette Nahrungsmittel – unter Berück-sichtigung der Notwendigkeit, das Blut rein zu halten – nur einen kleinen Teil der Ernährung ausmachen sollten.

Affen können nervös sein – auch jene, die dieses Merkmal äußerlich nicht zeigen – und sehr schnell ungeheure Mengen Energie verbrennen; eine weitere Tatsache, die zu beachten ist, wenn man die Nahrungsaufnahme einschätzt. Dieses Geschöpf sollte niemals mit halsbrecherischer Geschwindigkeit herum-rennen oder sich von Schokoladenriegeln und Keksen ernäh-ren, da beides dem Affen nicht sonderlich bekommt. Angemes-sene Erholung und Entspannung glänzen oft durch Abwesen-heit, und die klügsten Affen tun alles, was sie können, um dafür zu sorgen, daß sie hin und wieder eine Pause einlegen.

Der Hahn

Über den Hahn

Der Hahn ist ein anspruchsvolles Geschöpf. Seine Aufgabe besteht darin, die Ordnung im Hühnerhof aufrechtzuerhalten und all seine Frauen zu beschützen. Aufgeregt gackernd stolziert er einher und ist stets auf dem Posten, immer hellwach und möchte, daß die Dinge genau so laufen, wie er es wünscht.

Die Ähnlichkeiten zwischen den leibhaftigen Geschöpfen, die im Leben der alten Chinesen eine zentrale Rolle gespielt haben müssen, und den Charakter der Menschen, für die sie stehen, verblüffen immer wieder durch ihre atemberaubende Genauigkeit. Die trifft besonders auf den menschlichen Hahn zu, der eine unheimlich anmutende Reihe von Ähnlichkeiten mit seinem/ihrem Tier-Ebenbild zeigt.

Diese Persönlichkeit ist genauso modebewußt wie jeder junge Hahn, kann sehr hektisch und anspruchsvoll sein und ist sicherlich nicht verlegen, wenn es darum geht, einen Standpunkt nachdrücklich darzulegen. Der Hahn ist versessen darauf, eine Show abzuziehen, muß seine Meinung sagen, gleichgültig, was irgend jemand sonst im Gegensatz dazu denken mag, und kann sehr tapfer sein, wenn nötig.

Hähne sind komplexe Menschen, und ihr Geist arbeitet auf eine Art, die weniger komplizierte Typen verwirren kann. Wie der einherstolzierende Hahn auf dem Bauernhof neigt der menschliche Hahn dazu, das Leben um einiges ernster zu nehmen, als er es tun sollte. Aus diesem Grund wird er manchmal beschuldigt, es mangele ihm an Sinn für Humor.

Hähne verfügen über eine natürliche Neugier und wollen

77

wissen, wie alles funktioniert, wodurch sie auch zu einem großartigen Hansdampf in allen Gassen werden.

Der praktische, erfolgreiche und sehr beständige Hahn erweist sich als guter Freund, solange es Ihnen nichts ausmacht, daß Ihnen ziemlich regelmäßig gesagt wird, wie Sie Ihr Leben führen sollten. Wenn Sie Unterstützung brauchen, ist der Hahn mit Sicherheit zur Stelle und versorgt Sie hervorragend mit Tee und Sympathie. Der Hahn kümmert sich aufrichtig um die Allgemeinheit und nimmt oft einiges auf sich, um zu helfen und zu unterstützen – sogar Menschen, die er vielleicht gar nicht persönlich kennt. Wohl noch wichtiger ist, daß der Hahn mit Sicherheit eines der verläßlichsten und vertrauenswürdigsten Geschöpfe ist, die im chinesischen Tierkreis zu finden sind.

Gute und schlechte Seiten des Hahns

Vielleicht schätzen Sie es nicht, wenn man Ihnen sagt, wie Sie sich kleiden sollten, wer Ihren Kamin am besten reinigt, welcher Person Sie vertrauen können und ähnliches mehr. Wenn dies der Fall ist, ist es ratsam, sich vom Hahn fernzuhalten. Er will sich wirklich nicht einmischen, kann aber einfach nicht anders. Deshalb nennt man ihn übereifrig, einen Besserwisser und Pedanten. Auf die Schlimmsten dieses Zeichens trifft all das zu – wenn man die Motive hinter einem Großteil dieses Verhaltens betrachtet, ist es jedoch ziemlich ungerecht.

Was wie schiere Selbstsucht wirken kann, ist meist ein echter Wunsch, häufig ein brennendes Bedürfnis, zu helfen. Der Hahn kennt seine eigenen Fehler und neigt dazu, sie in merkwürdig umgekehrter Logik durch eine noch schillerndere Show zu kompensieren.

Der ordentliche Hahn erträgt keine Unordnung, sei sie mental oder physisch. Die Häuser dieser Geborenen sind blitzblank, und wenn Sie sehen, wie sie dieses bewegen, jenes verändern und etwas anderes geraderücken, haben diese so viel Ähnlichkeit mit dem Tier auf dem Bauernhof, daß Sie vielleicht laut lachen. Auf Dauer kann diese ständige Gewohnheit, Dinge zu sortieren, jedoch sehr ärgerlich sein – besonders, wenn *Ihr* Bauernhof einer solchen Behandlung unterzogen wird. In seinem schlimmsten Zustand muß der Hahn die aufreizendste Person sein, die man sich vorstellen kann.

Ein Großteil dieses Verhaltens ist auf eine natürliche Nervosität zurückzuführen, die der Hahn unmöglich kontrollieren kann. Wenn er gefestigt ist und das Leben ihn nicht aufregt, zeigt sich die andere Seite seines Wesens, und Sie finden in ihm einen verläßlichen Verbündeten, einen soliden und loyalen Freund und einen sehr leistungsfähigen Geist. Der Hahn kommt im Nu mit einer Scherzfrage klar und wird jede praktische Aufgabe gelöst haben, während der Rest der Menschheit noch darüber nachdenkt. Hähne sind diejenigen, die sich der konkreten Seite der Ernährung der Dritten Welt zuwenden und sich zwischen bekriegende Parteien stellen.

Menschen, die unter diesem Zeichen des chinesischen Tierkreises geboren sind, zeigen der Natur gegenüber fast immer eine bemerkenswerte Ehrerbietung. Die meisten Hähne genießen es, an der frischen Luft zu sein; es zieht sie in hügeliges, idyllisches Land, und sie erfreuen sich an einem Leben, das frei ist von einem Teil des Drucks, der in Städten tendenziell spürbar ist. Der Hahn ist ein freundlicher Zeitgenosse, dessen Sympathie man sich erfreuen darf, wenn man ihn für sich gewonnen hat.

Der Hahn bei der Arbeit

Der Hahn kann eine bemerkenswerte Menge Arbeit bewältigen, obwohl er nicht dazu neigt, diese in großer Geschwindigkeit zu erledigen. Hier finden wir schnelle geistige Vorgänge in einem Körper, der sich einfach weigert, sich hetzen zu lassen, was gelegentlich zu ein wenig Frustration führen kann.

Es ergibt sich aus dem Charakter dieses anspruchsvollen Vogels, daß der Hahn mit irgendeinem besonders schmutzigen oder unangenehmen Vollzeit-Job nicht glücklich wäre – wenn dieses Zeichen auch von Natur aus hervorragend geeignet ist, die Art von Unordnung zu sortieren, die der Rest von uns die ganze Zeit verursacht.

Der Hahn schätzt es, die Aufsicht auszuüben, wenigstens in seinem eigenen kleinen Wirkungskreis. Da der Hahn auch einen guten Angestellten und einen fähigen zweiten Befehlshaber abgibt, interpretiert man dies vielleicht nicht als gute Führungsqualität.

Es ist in einer Arbeitssituation entscheidend, daß dem Hahn von Anfang an die genauen Erwartungen umrissen werden, in welcher Form er an seine Aufgabe herangehen und wie das Endergebnis aussehen soll. Wenn der weise alte Vogel die Dinge einmal sortiert und eine geeignete Routine aufgebaut hat, kann er dieselbe nötigenfalls bis zum Jüngsten Tag weiterführen. Hier stoßen wir jedoch auf einen Widerspruch, denn Hähne heißen Herausforderungen jeder Art willkommen, wachsen daran und können schwerfällig werden, wenn sie sich eintönigen Aufgaben gegenüber sehen, ungeachtet dessen, wie gut sie eigentlich darin sind.

Wenn Sie nach einer hervorragenden Sekretärin oder einem ebensolchen Mathematiker, Buchhalter oder Büroleiter suchen – seien Sie nicht überrascht, wenn sich herausstellt, daß der Bewerber, den Sie bevorzugen, direkt aus dem Hühnerhof kommt. Hähne besitzen genug Initiative, um fast jede Aufgabe zu lösen, auch wenn sie in einer Position, die ständige Richtungsänderungen in der Herangehensweise oder eine schnelle Anpassung an wechselnde Umstände verlangt, vielleicht nicht sonderlich gut sind. Dies entspricht einigen Grundneigungen des Hahns.

Der Hahn ist ein Denker entlang logischer Linien. Seine Vorstellungskraft ist überraschend gut, und er kann gut schreiben. Es überrascht daher nicht, wenn man entdeckt, daß dieses Zeichen in das astrologische Feld vieler Romanschreiber gehört.

Wenn Sie sehr beschäftigt sind und jemanden suchen, der das Zuhause in Ordnung hält, nach den Kindern sieht und das Ganze mit einer Kombination aus sanfter Milde und Strenge führt, kann ein Hahn-Haushälter – männlichen oder weiblichen Geschlechts – ganz sicher die Antwort sein.

Leben mit dem Hahn

Hähne können entweder die besten oder die schlechtesten Lebenspartner sein, denn wie immer in Zweierbeziehungen hängt dies auch von Ihrem Persönlichkeitstyp und Ihren Bedürfnissen ab. Wenn Sie ein freiheitsliebendes Individuum mit dem unersättlichen Wunsch sind, ständig neue Horizonte ausfindig zu machen, finden Sie einen Hahn-Partner viel zu erstickend. Aber es gibt natürlich andere Dinge im Leben, die Ihnen vielleicht wichtiger sind als das Gefühl persönlicher Freiheit.

Hähne, sowohl männliche wie auch weibliche, sind von der Veranlagung her sehr gute Köche, halten ihr Zuhause stets ordentlich, sind wirtschaftlich und können die warmherzigsten Menschen der Welt sein.

Der Hahn möchte seinen Partner, Freund oder Wohnungsgenossen wirklich so glücklich wie möglich machen, und es wurde schon vermutet, das Hauptlebensziel des Hahns bestünde trotz der scheinbaren Stabilität und sogar Sturheit des Zeichens darin, sich um andere zu kümmern und zu sorgen.

Diesen Menschen müssen Sie wirklich gut kennen. Wenn Sie das einmal erreicht haben, lernen Sie, den Hahn mit all seinen Fehlern und Schwächen zu lieben. Was die körperlichen Aspekte der persönlichen Beziehung betrifft, sollten Sie daran denken, daß in diesem irgendwie hartgesottenen Äußeren ein Herz aus Gold schlägt und eine Leidenschaft steckt, die von der besten Imagination geschürt wird.

Nach diesen Grundsätzen muß auch die unterdrückte Emotion, die dem Zeichen ebenfalls zu eigen ist, irgendwo ein Ventil finden, was im Falle des Hahns oft in der Intimität hinter der Schlafzimmertür geschieht.

Als Elternteil neigt der Hahn dazu, wie eine brütende Henne aufgeregt gackernd herumzustolzieren; aber denken Sie daran, daß das unterschätzte Bauernhof-Federvieh einer der besten Eltern und Wächter der Welt ist, und hinsichtlich der Sorge für seine Nachkommenschaft steht ihm der menschliche Hahn kaum nach.

Der Hahn in Ihrem Leben mag nörgeln, insistieren, herumkommandieren und streiten, aber er wird versuchen, sich um jedes Ihrer Bedürfnisse zu kümmern, und Sie wahrscheinlich ein Leben lang lieben. In einer Welt veränderlicher Werte, in der manchen Menschen die Grundlage für Beziehungen offenbar ein völliges Rätsel ist, könnten die beständigen Qualitäten des Hahns sehr willkommen sein. Können Sie wirklich noch mehr verlangen?

Verträglichkeiten des Hahns

Um zu sehen, wie es dem Zeichen des Hahns allgemein in Beziehungen mit anderen Bewohnern des chinesischen kosmischen Zoos ergeht, werfen Sie einen Blick auf die untenstehende Tabelle. Die höchste Punktzahl für perfekte Harmonie ist 8.

Hahn + Ratte	= 5	Hahn + Büffel	= 8
Hahn + Tiger	= 5	Hahn + Hase	= 1
Hahn + Drache	= 7	Hahn + Schlange	= 8
Hahn + Pferd	= 5	Hahn + Ziege	= 4
Hahn + Affe	= 4	Hahn + Hahn	= 3
Hahn + Hund	= 4	Hahn + Schwein	= 4

Der Hahn und die Gesundheit

Im Grunde ist der Hahn dazu geboren, sich ständig Sorgen zu machen. Man geht nicht zu weit mit der Vermutung, daß der Hahn wirklich nur dadurch aus dem Gleichgewicht zu bringen ist, wenn er nichts hat, worüber er sich Sorgen machen kann.

Dies ist ein Teil seiner Grundnatur, und man lernt gewöhnlich damit zurechtzukommen, wenn es auch zu guter Letzt seinen Tribut von der allgemeinen Gesundheit fordern kann.

Es ist nicht ungewöhnlich, daß Hähne an Asthma und anderen Erkrankungen leiden, deren Ursprung teilweise in den Nerven liegt. Diese Individuen können auch archetypische Hypochonder sein, obwohl sie im allgemeinen viel zäher sind, als sie sich selbst zutrauen.

Was die Ernährung betrifft, so ist der Hahn wie der Affe ein Allesfresser. Hähne sind oft große Esser, also kann es sein, daß sie im späteren Leben auf Gewichtsprobleme achten müssen, obwohl die geistige Motivation sie oft spindeldürr bleiben läßt.

Wenn Sie ein Hahn sind und diesen Abschnitt mit besonderem Interesse lesen, lautet der beste Rat, den man Ihnen geben kann: Gestalten Sie Ihr Leben mit so wenig Streß wie möglich. Natürlich ist Streß oft selbstgemacht, besonders in Ihrem Fall. Wenn Sie dies jedoch im Gedächtnis behalten, kann sich Ihre Gesundheit durchaus um sich selbst kümmern. Hähne sind im Grunde ziemlich zähe alte Vögel und können, wenn nötig, beachtliche körperliche Härten ertragen.

Der Hund

Über den Hund

Wieder einmal kann man die aufmerksamen chinesischen Schreiber alter Zeiten bewundern – nicht nur zu ihrem Wissen über die Astrologie, sondern auch zu ihrer akribischen Beobachtung der Welt um sie herum; denn der gute alte Haushund hat viele verblüffende Ähnlichkeiten mit jenen Menschen, die von dem Zeichen beeinflußt werden, das nach ihm benannt ist.

Die wahrscheinlich auffallendste Ähnlichkeit liegt in der von Natur aus beschützenden Qualität des Zeichens, denn Hunde sind Menschen, die um jeden, den sie mögen, einen fürsorglichen Arm legen möchten. Wenn es darum geht, die Individuen zu verteidigen, für die sie sich verantwortlich fühlen, können sie sehr tapfer sein – und das umfaßt im Falle einiger Hunde die ganze Menschheit.

Der Hund-Mensch ist sicherlich nicht zurückhaltend, wenn es darum geht, seine Meinung zu sagen. Dies ist ein kommunikatives Zeichen, das verlangt, daß man ihm zuhört und ziemlich reizbar und nervös werden kann, wenn es ignoriert wird.

Wie bei vielen Zeichen stößt man auch beim Hund auf einen leichten Widerspruch, denn diese Art Mensch tendiert zu kurzen, aber intensiven Zeiträumen der Einsamkeit und Stille. Diese Situation entsteht gewöhnlich, wenn sich der Hund unter Leuten oder in Situationen wiederfindet, die seinen natürlichen Sinn für Gleichgewicht über den Haufen werfen. Schmollen gehört jedoch nicht zum Wesen des Hundes, und man darf immer erwarten, daß es ziemlich schnell wieder in Top-Form ist.

Es macht Freude, Hund-Menschen um sich zu haben, und obwohl sie zu Pessimismus neigen, wenn Dinge schief laufen, kostet es nicht viel Mühe, sie wieder fröhlich auszurichten. Das Geheimnis liegt in der Tatsache, daß für den Hund keine Stimmung länger anhält. Das macht es gelegentlich schwierig, zu wissen, woran man mit diesem irgendwie sprunghaften Charakter eigentlich ist.

Der Hund ist sittsam, bringt mit seinem Charme das dickste Eis zum Schmelzen und muß das Gefühl haben, erwünscht zu sein. Da das Nervensystem nicht sonderlich stark ist, neigt der Hund dazu, sich zuviel Sorgen zu machen und braucht viel Ermutigung und Unterstützung von geliebten Menschen, wenn er sein Bestes geben soll.

Es besteht kaum ein Zweifel an der Ehrlichkeit dieser Person, wenngleich viele Hunde radikale Ansichten vertreten und kaum als konventionell bezeichnet werden können. Es ist auf keinen Fall leicht, vollkommen zu verstehen, was in diesem Menschen vorgeht – besonders, da sich der Hund selbst wahrscheinlich auch nicht so ganz sicher ist.

Gute und schlechte Seiten des Hundes

Unter den schwierigsten Aspekten dieser ziemlich charmanten Person ist die scheinbare Unfähigkeit, eine Entscheidung zu treffen und dabei zu bleiben, eine der wichtigsten. Obwohl der Hund oft dafür im Kreuzfeuer steht, ist diese Kritik möglicherweise ziemlich unfair, da der Hund tatsächlich wirklich alles in Betracht ziehen möchte, bevor er sich über irgend etwas eine Meinung bildet. Den meisten Menschen ist klar, daß dies nur bis zu einem gewissen Punkt möglich ist, doch für den Hund macht dieser Gedankengang das Leben noch komplizierter. Wenn man ihn jedoch in Ruhe läßt, wird er schließlich eine einfühlsame und rationale Entscheidung treffen.

Gelegentlich neigt dieses Zeichen dazu, ziemlich verschwenderisch zu sein, und wenngleich man den Hund ohne weiteres mit völligem Vertrauen dazu einsetzen könnte, die Bank von England zu bewachen, ist er nicht ganz so vorsichtig, wenn es um seine eigenen Ressourcen geht. Das kann zu einer etwas prekären finanziellen Situation im eigenen Haushalt führen, obwohl der Hund auf der anderen Seite ein guter Arbeiter ist und sich garantiert aus jedem Schlamassel befreit, wenn er erkennt, daß er ihn selbst verursacht hat.

Hunde sind echte Charmeure, und obwohl dies gewöhnlich als Tugend betrachtet wird, kann es unter bestimmten Umständen zur Untugend geraten. Hinsichtlich Beziehungen neigt der Hund zum Vagabundieren, zum Teil, weil er von Natur aus so liebevoll und ein wenig unsicher ist. Man kann den Hund daher bezüglich emotionaler Bindungen nicht gerade als beständigstes Tier der Menagerie bezeichnen. Trotz dieser Tatsache kann sich der Hund als sehr loyal erweisen, ist tapfer bis zur Tollkühnheit; liebt es, jedermann zu gefallen, und möchte einen guten Eindruck hinterlassen, wo immer er hingeht.

Wenn Sie einen Hund in Verruf bringen, wird es sicher hängenbleiben. Und doch gibt es eine Unmenge Leute, die bereit sind, sich völlig auf ihren Hundekumpan zu verlassen. Dies ist vielleicht nicht das am leichtesten zu begreifende Tier im Zoo, aber eines der liebenswürdigsten. Schließlich lieben es alle Hunde, mit dem Schwanz zu wedeln, und derjenige, dem Sie auf die eine oder andere Art zugetan sind, wird wahrscheinlich keine Ausnahme von dieser Regel sein. Bedenken Sie jedoch auch, daß Hunde zähe Kämpfer sind, wenn sie in die Ecke gedrängt und bedroht werden. Im Falle des chinesischen Hund-Typus zählt diese Tendenz gewöhnlich zu den guten Eigenschaften; besonders dann, wenn es darum geht, seine Lieben zu verteidigen – woraus man nicht folgern sollte, der Hund sei nicht auch gelegentlich zu selbstsüchtigen Aktionen fähig.

Der Hund bei der Arbeit

Der Hund ist von Natur aus fröhlich, kann – solange ausreichend Interesse an der Aufgabe vorhanden ist – lange und hart arbeiten und ist ziemlich glücklich, wenn er in Gesellschaft anderer arbeiten darf. Weil diese Person so anpassungsfähig ist, findet man sie in fast jeder Position, obwohl es auch stimmt, daß der Hund von niedrigen Arbeiten nicht begeistert ist.

In allen Bereichen der Arbeit mit Menschen wie auch bei Beratungen jeder Art zeichnet sich der Hund aus, denn er vermag sich sehr gut zu vermitteln und ist zugleich ein aufmerksamer Zuhörer, so daß man unter diesem Zeichen viele Psychologen und Priester findet. Der Hund ist ziemlich gut darin, die Probleme der Welt zu sortieren, wenn auch weniger begabt, mit seinen eigenen zurechtzukommen. Aus diesem Grund ist es für den Hund wichtig, in seinem eigenen Haus Ordnung zu schaffen, wenn er diszipliniert und ordentlich an irgend etwas arbeiten möchte.

Das Wesen des Hundes ist loyal und beständig, wenn einige Menschen ihn anders beschreiben, dann mag dies auf Personen zutreffen, die dieses Zeichen im Mond oder Aszendenten haben, gewöhnlich kommen die Elemente so zusammen, daß die gewinnenden Eigenschaften des Hundes überwiegen.

Hunde sind gute Banker, Buchhalter und Revisoren, weil sie – wenn sie sich einmal dazu verpflichtet haben – sehr sorgfältig arbeiten. Da dieses Zeichen gewöhnlich auch über eine kreative Seite verfügt, findet man seine Qualitäten bei vielen Künstlern, Designern, Grafikern und Kunstlehrern. In den meisten Berufen macht es Spaß, mit ihm zu arbeiten; sie stürzen sich in das Hin und Her des Arbeitslebens, wissen jedoch gern, was von ihnen erwartet wird.

Dies ist ein Zeichen, das Reisen und Sprachen liebt. Daher ist es – wenn man die anderen Eigenschaften des Zeichens bedenkt – keine Überraschung, daß viele der großen Diplomaten geboren wurden, als der Hund vorherrschte. Der Hund kombiniert die Fähigkeit, in und aus Flugzeugen, Bussen und Zügen zu springen, mit der Fähigkeit, sich in fast jede Art von Kultur einzufügen. Er hat großen Respekt vor den Bräuchen derer, mit denen er in Kontakt kommt, und wenn er im Ausland unterwegs ist, kann man sich gewöhnlich darauf verlassen, daß er seiner Begleitung und seiner Nation nichts als Ehre macht.

Leben mit dem Hund

Viele Menschen würden mit Freuden vor allen anderen chinesischen Zeichen den Hund als Seelenpartner oder Freund wählen. Der Grund ist offensichtlich: Das Zeichen ist von Natur aus so umgänglich, daß es sehr schwierig ist, mit ihm zu streiten. Das stimmt – der Hund kann ziemlich aufregend und sogar zeitweise ein wenig unverblümt sein, obwohl er selten arglistig ist. Er ist nicht dafür bekannt, besonders launisch zu sein, und schließt sich gewöhnlich den Ideen derer an, mit denen er lebt.

Hunde legen keinen Wert auf große Haushaltsführung und sind glücklich, wenn es ihnen möglich ist, ein im großen und ganzen unkompliziertes Leben zu führen. Sein erregbares Wesen mag andere in Verwirrung stürzen. Wenn er sich falsch behandelt glaubt, kann er mißtrauisch, aggressiv, kritisch und zynisch agieren, seine Offenheit wird jedoch dazu beitragen, die Angelegenheiten zu klären.

Das einzige echte Problem, dem man in diesem Szenario manchmal begegnet, entspringt aus der Unfähigkeit des Hundes, in Gedanken, Worten und Taten treu zu bleiben. Solange dieses Mitglied des Zoos glücklich und an einem vollen sozialen und persönlichen Leben interessiert ist, ist alles in Ordnung. Der schlimmste aller Fälle tritt nur ein, wenn der Hund unglücklich ist oder sich vielleicht mißachtet fühlt. Unter solchen Umständen könnte er sich dafür entscheiden, nach anregender Gesellschaft Ausschau zu halten, und dann kann nur allzu leicht ein unglückseliger Umstand zum anderen führen.

Wer mit einem Hund-Individuum lebt oder persönliche Beziehungen mit einem solchen pflegt, täte gut daran, sich zu erinnern, daß Abwechslung für dieses Geschöpf die Würze des Lebens ist. Wenn man diese Tatsache versteht und befriedigt, werden Sie in der Menagerie weit und breit keinen besseren Menschen finden.

Hunde achten gut auf ihre Familien, sind beschützende Liebhaber und können auf weniger motivierte Menschen enorm ermutigend wirken. Sie bemühen sich um Ihren Erfolg im Leben genauso wie um ihr eigenes Fortkommen und können daher eine große Unterstützung sein. Sie werden, romantisch ausgedrückt, der Herzen und Rosen niemals müde, und gewöhnlich kann man sich darauf verlassen, daß sie ihre Liebsten zu allen Zeiten mit Komplimenten versorgen. Die Lebensrealität mit dem Hund könnte jedoch etwas anders aussehen, denn Hund-Menschen sind Stimmungsumschwüngen ausgesetzt, die ein wenig sanfte Überredung erfordern.

Verträglichkeiten des Hundes

Um zu sehen, wie es dem Zeichen des Hundes allgemein in Beziehungen mit anderen Bewohnern des chinesischen kosmischen Zoos ergeht, werfen Sie einen Blick auf die untenstehende Tabelle. Die höchste Punktzahl für perfekte Harmonie ist 8.

Hund + Ratte	= 6	Hund + Büffel	= 3
Hund + Tiger	= 8	Hund + Hase	= 7
Hund + Drache	= 1	Hund + Schlange	= 6
Hund + Pferd	= 8	Hund + Ziege	= 3
Hund + Affe	= 6	Hund + Hahn	= 4
Hund + Hund	= 6	Hund + Schwein	= 6

Der Hund und die Gesundheit

Obwohl er nicht der robusteste Vertreter der menschlichen Menagerie ist, vermag der Hund sich besser selbst zu helfen als die meisten anderen Zeichen.

Das treibende Prinzip ist das Nervensystem; die Kehle und die Nieren sind die körperlichen Hauptbezugspunkte. Wenn eine vernünftige Routine und gesunde Ernährung nicht eingehalten werden, kann dies leicht zu Problemen in diesen Bereichen der Anatomie führen. Ein Großteil der vom Hund angeregten nervösen Aktivität findet jedoch tendenziell durch das freimütige und leicht erregbare Wesen dieses Zeichens ihren Weg an die Oberfläche – eine viel bessere Lage der Dinge als die repressiven Tendenzen, die einige andere Tierkreiszeichen an den Tag legen.

Eine glückliche, frohe Verankerung ist ihm wichtig, wahrscheinlich mehr als irgend etwas sonst, denn der Hund ist überraschend unverwüstlich und toleriert sogar materielle Entbehrungen, solange es nicht an persönlicher Zufriedenheit mangelt. Entzieht man ihm anregende Gesellschaft, kann der Hund lethargisch, melancholisch und schließlich krank werden. Hund-Menschen brauchen viel frische Luft und gute, gesunde Spaziergänge im Grünen, wenn sie so gesund bleiben wollen, wie sie sein können, und sollten in ihrem Drang, alles auf einmal zu erreichen, nie bis zur Erschöpfung arbeiten.

Zusammen mit dem Wissen, daß sie von Liebe umgeben sind, sind Bequemlichkeit und Sicherheit die beste Versicherung für gute Gesundheit.

Das Schwein

Über das Schwein

Das Schwein hat sich eine ziemlich problematische Reputation erworben, was sich in seinem domestizierten Zustand noch verstärkt. Dieses Geschöpf unterscheidet sich jedoch sehr von dem Tier, mit dem die alten Chinesen vertraut waren, und bis in unsere Tage finden wir bei den wilden Vorfahren des Schweins die größten Ähnlichkeiten mit dem Schwein-Typus aus dem Tierkreis.

Im Grunde sind Schweine schüchterne Kreaturen der Wildnis – sie müssen es sein, weil sie verletzlich sind und einen wohlschmeckenden Imbiß für jeden Möchtegern-Räuber abgeben. Wie schon viele unvorsichtige Jäger auf ihre Kosten entdeckten, sind sie jedoch keineswegs wehrlos. Wenn sie auch oft dazu neigen, im Unterholz zu bleiben, können alle Schweine, Tier und Mensch, grimmig kämpfen, wenn es sein muß, und verlieren – jedenfalls im Falle der menschlichen Spielart – kaum eine Schlacht, wenn sie sich für etwas einsetzen.

Dies ist wahrscheinlich das am häufigsten unterschätzte chinesische Zeichen, und es gehört auch zu denen, die am schwersten zu verstehen sind. Das Schwein ist voller scheinbarer Paradoxe: Es ist schüchtern und spröde und doch kraftvoll und zäh; es kann sich in einer Ecke verstecken, wenn es unerwarteter Gesellschaft gegenübersteht, und ist dennoch darauf vorbereitet, schnell und mit beängstigender Sicherheit zu handeln, wenn es sich als notwendig erweist.

Obwohl ihnen der Ruf folgt, ein wenig düster und mysteriös zu sein, sind Schweine gewöhnlich freundlich veranlagt. Sie sind sehr sinnlich motiviert und können bis zu dem Punkt lieben, an dem sie alle anderen Überlegungen aus ihrem Geist verbannen. Sie genießen es, zu Hause zu sein und wollen aus dem Familienleben, in dem sie das größte vorstellbare Glück finden, das Beste machen.

Schweine arbeiten hart, sowohl für sich selbst wie auch für jedes Unternehmen oder jede wohltätige Einrichtung, an die sie wirklich glauben. Viele Leute meinen, in der Grundnatur des Schweins eine bestimmte Verletzlichkeit oder sogar einen naiven Zug entdecken zu können. Vielleicht stimmt das, aber wenn Sie dies ausnutzen, geschieht es auf eigene Gefahr. Wenn Sie an ein überfüttertes Mastschwein denken, das sich faul im Schweinestall lümmelt und auf den Metzger wartet, dann denken Sie noch einmal darüber nach. Der Schwein-Typus ist intelligent, kann lange und hart kämpfen, um seine Ziele zu erreichen, spricht auf Liebe und Aufmerksamkeit gut an und ist in jeder Hinsicht ein einmaliges Individuum. Das Äußere kann sehr irreführend sein, ganz zu schweigen von ersten Eindrücken, und das trifft in diesem Fall besonders zu. Das Schwein ist wahrscheinlich das freundlichste, wenn auch potentiell gefährlichste Tier in der ganzen Menagerie.

Gute und schlechte Seiten des Schweins

Schwein-Menschen sind freundlich, gesellig und sehr loyal, daher ist es beim ersten Eindruck wahrscheinlich nicht so einfach, unter der Oberfläche irgend etwas zu entdecken, das bedrohlich oder unheilvoll wirken könnte. Schweine können lange und hart für andere arbeiten, sind entzückt, wenn sie helfen können und unternehmen sehr viel, um einen Freund zu erfreuen. Man könnte jedoch unterstellen, daß sie in all diesen Dingen strikt ihren eigenen Vorstellungen folgen, da sie genausogut Komplotte und Ränke schmieden und sogar böswillig sein können, wenn man ihnen in die Quere kommt oder sie ärgert. Deshalb ist es so schwer, mit einem Schwein umzugehen, und daran könnte es zum Teil liegen, daß es nicht so beliebt ist, wie es vielleicht sein sollte.

Schweine gehen das Leben gewöhnlich nicht radikal an und scheinen ziemlich gut in der Lage zu sein, den Weg des geringsten Widerstandes zu gehen. Sie arbeiten sehr hart und können beharrlich bei der anstehenden Aufgabe bleiben. Was sie jedoch auszeichnet, ist eine Art von Beständigkeit, die nirgendwo im Tierkreis ihresgleichen hat. Wenn das Schwein sich entscheidet, einen bestimmten Handlungskurs einzuschlagen, egal, wie tollkühn oder offensichtlich schlecht beraten dieser sein mag, kann man nichts unternehmen, um es davon abzubringen. Schweine haben oft ziemlich schwierige familiäre Hintergründe, und das mag ein Grund dafür sein, warum Schweine gewöhnlich so fest entschlossen sind, sicherzustellen, daß nichts ihre eigene Familie beeinträchtigt, die gewöhnlich von einmaliger Wichtigkeit für dieses Zeichen ist.

Das Geheimnis, das Menschen umgibt, die unter diesem Zeichen geboren sind, mag gelegentlich sowohl ein Segen als auch ein Fluch sein. In Beziehungen ist dies ein geheimnisvoller Nimbus, der wahrhaft magnetisch und nachhaltig ist, wenngleich das Schwein Sie mit seiner exklusiven Haltung ernsthaft beleidigen kann, wenn Sie lediglich ein Bekannter sind. Einige Schweine können von derart dichten Vorhängen aus Geheimnissen umgeben sein, daß der Beobachter denken mag, es sei nicht der Mühe wert, sie zu durchdringen. Sogar ein lebenslustiges Schwein, das häufig ausgeht, kann Schilde errichten, die außer für das empfängliche Individuum für jeden undurchdringlich sind. Schweine sind im Grunde Genießer und lieben es, im Luxus zu schwelgen. In dieser Facette spiegelt sich die reine Lust an der Fülle, an sich ein harmloser Zug, auch wenn es Zeiten gibt, da der Rest der Welt die Besessenheit des Schweins von Baden, Essen, Schlafen und weiteren Vergnüglichkeiten schlicht ein wenig ermüdend findet. Wenn Sie mit einem Schwein leben, haben Sie vielleicht schon ein zweites Badezimmer installiert!

Das Schwein bei der Arbeit

Obwohl Schweine gute und unermüdliche Arbeiter sein können, wissen sie auch, wie man sich an den feineren Dingen im Leben erfreut. Sie sind in vernünftiger Weise anpassungsfähig und schätzen ein wenig Abwechslung in ihrem Leben. Damit soll jedoch nicht unterstellt werden, ein Schwein würde eine eintönige Anstellung verweigern, denn Beständigkeit ist etwas, das seinem Wesen liegt. Wenn Wiederholung einen Teil des Arbeitsprozesses bildet, besteht das einzige Problem darin, daß der vorliegende Job vielleicht den hervorragenden Geist des Schweins nicht genügend nutzt, was eine Vergeudung sein könnte.

Da Schweine von Natur aus nicht zimperlich sind und manchmal sogar gewisses Entzücken über eine Art von Situation empfinden, die sensiblere Typen entsetzt zurückweichen läßt, sind Schweine ausgezeichnete Ärzte und Pfleger. Diese Rolle würde auch das Bedürfnis der Schwein-Person erfüllen, der Menschheit von Nutzen zu sein. Auch Veterinäre haben oft einen Schwein-Aspekt in ihrem astrologischen Feld, weil dieses Zeichen Tiere besonders liebt.

Alle Schweine sind bereit, sich einer Herausforderung zu stellen, und können sehr tapfer sein, wenn sie mit Unglück konfrontiert werden. Dieses Zeichen bevorzugt die Streitkräfte oder jeden Beruf mit einer körperlichen Dimension. Dies mag tatsächlich ein wenig wie ein Paradox erscheinen, weil das Schwein definitiv einen faulen Zug besitzt, und einige unfreundliche Seelen haben unterstellt, das Schwein verausgabe sich nur deshalb so gern, um die nächsten Tage im Bett verbringen zu können! Gelegentlich muß sich das Schwein völlig von der Arbeit zurückziehen, damit es sich schwelgend in anderen Genüssen auftanken kann – mit diesen Bedürfnissen kann es seinen Arbeitspartnern unübersichtlich werden.

Dieses Zeichen mag es nicht sonderlich, wenn man ihm vorgibt, was es tun soll – es sei denn, die betreffende Person verfügt über besonderes diplomatisches Talent. Schweine sind jedoch keine Arbeitstiere und können dennoch das Geschäftsleben zu einem einzigen Erfolg machen.

Das Schwein ist ein idealer Kandidat für Selbständigkeit, denn das Zeichen verfügt über große Selbstmotivation und ergibt einen guten und vernünftigen Arbeitgeber. Wie auch bei anderen Aspekten der Arbeit ist es hier gut, sich daran zu erinnern, daß das Schwein mit den Menschen in seiner unmittelbaren Nähe entweder extrem gut zurechtkommt oder eine intensive Abneigung gegen sie hat. Für dieses Zeichen gibt es sehr wenige Grautöne. Da Schweine jedoch anpassungsfähig sind, üben sie vielerlei Berufe aus, und gewöhnlich mit bemerkenswertem Erfolg.

Leben mit dem Schwein

Mit diesem chinesischen Tierkreis-Typ zu leben, muß entweder am einfachsten oder am schwersten sein – es hängt tatsächlich von der Art der Beziehung und dem Wesen der Person ab, die ihm gegenübersteht.

Das Schwein sucht nach einer beständigen Art von Existenz, und wenn es sich in der Bewunderung einer liebenden Familie weiß, kann es sich genüßlich im heimatlichen Umfeld entspannen. Ein Hauptproblem ist die Tatsache, daß es sich hier um eine Person handelt, für die es fast genauso wichtig ist, ihren Willen durchzusetzen wie zu atmen. Hier stolpern wir wieder über ein astrologisches Paradox, denn die meiste Zeit ist das Schwein ein gelassener Typ und oft nur zu bereit, sich den Entscheidungen anderer zu fügen. Nur wenn das Schwein mit einer Anfrage konfrontiert wird, die mehr wie ein Befehl klingt, tauchen Probleme auf, denn wenn sich diese Person auf ihre Hinterbeine stellt und »auf stur schaltet«, können Sie genausogut aufgeben, denn das Schwein wird es nie tun. Das Geheimnis liegt darin, ein wenig Psychologie anzuwenden und versuchsweise viele Vorschläge einzubringen, wobei man wenige tatsächliche Erklärungen abgibt. Solange das Schwein glaubt, daß es den Ton angibt, werden die Dinge weitgehend so laufen, wie Sie es möchten.

Ihr Schwein-Geliebter wird alles tun, was in seiner Macht steht, um Sie glücklich zu machen. Das Schwein ist großzügig und freundlich, extrem sensibel und definitiv für eine sehr anspruchsvolle Beziehung ausgerüstet.

Wenn es darum geht, im Haus anfallende Arbeiten zu erledigen, sind Schweine gewöhnlich kreativ und praktisch. Es ist dem Schwein ziemlich wichtig, wie sein Haus auf andere wirkt, und deshalb verwendet es viel Zeit und Energie darauf, daß alles genau so aussieht, wie es den bestmöglichen Eindruck erweckt.

In jungen Jahren tanzt das Schwein mindestens so gut wie jeder andere, und man findet es oft unten in der Disco – elegant, einnehmend und bereit, die Nacht durchzutanzen. Mit fortschreitendem Alter neigt das Schwein dazu, ein wenig seßhaft zu werden und ist zufriedener, wenn es in der Nähe seines Zuhauses bleiben darf. Viele Schweine werden auch zu festgefahren in ihren Einstellungen. Schweine-Menschen lieben im allgemeinen Kinder und können großartige Eltern sein, auch wenn sie gelegentlich ein wenig zu Übervorsichtigkeit neigen und ihren Sprößling mit ein wenig zuviel Sorge erdrücken. Schwein-Menschen lesen gern und genießen eine gute Geschichte. Dies macht sie von der Veranlagung her ziemlich bewandert in der Literatur, und sie sind oft überdurchschnittlich intelligent.

Verträglichkeiten des Schweins

Um zu sehen, wie es dem Zeichen des Schweins allgemein in Beziehungen mit anderen Bewohnern des chinesischen kosmischen Zoos ergeht, werfen Sie einen Blick auf die nebenstehende Tabelle. Die höchste Punktzahl für perfekte Harmonie ist 8.

Schwein + Ratte	= 6	Schwein + Büffel	= 5
Schwein + Tiger	= 7	Schwein + Hase	= 8
Schwein + Drache	= 6	Schwein + Schlange	= 1
Schwein + Pferd	= 6	Schwein + Ziege	= 8
Schwein + Affe	= 6	Schwein + Hahn	± 4
Schwein + Hund	= 6	Schwein + Schwein	= 6

Das Schwein und die Gesundheit

Der Schwein-Typ ist im allgemeinen ziemlich gesund, obwohl dies – abgesehen von der täglichen Lebensführung – wie bei vielen Zeichen stark vom Geisteszustand abhängt. Es trifft zu, daß Schwein-Individuen gelegentlich ein wenig zügelloser sein können, als ihnen guttut, und das könnte – besonders in mittleren Jahren – zur Korpulenz führen.

Für das Schwein sind im organischen Bereich besonders die Fortpflanzungsorgane und der Magen bedeutend. Um auf der Höhe körperlicher Fitneß zu bleiben, müssen Schweine auf regelmäßige Bewegung, viel gute, gesunde Ernährung und eine geordnete Routine achten. Jene, die unter diesem Zeichen geboren sind, neigen dazu, manchmal mehr zu trinken, als genaugenommen gut für sie ist, und müssen sich vor Exzessen jeder Art hüten.

Das durchschnittliche Schwein-Individuum ist wahrscheinlich robuster als die meisten und kann relativ gut mit Unglück umgehen – besonders, wenn es einen guten Grund gibt, nämlich den, sich um andere, insbesondere Familienmitglieder, zu kümmern. Dieses Individuum verzichtet im persönlichen Bereich ziemlich bereitwillig, um den Menschen, die ihm am wichtigsten sind, das Leben angenehmer zu machen. Für das Schwein, das in allen Situationen auf eine wahrheitsgemäße Annäherung anspricht, stellt die Unterdrückung von Gefühlen eine Gefahr dar. Manchmal vermag sich das Schwein jedoch schwer auszudrücken, und das kann zu verinnerlichter Frustration führen, die für sich genommen eine leichte Gefahr für langfristig gute Gesundheit darstellen kann.

Die chinesischen Elemente und ihre Bedeutung

Sie werden sich erinnern, daß in der Einführung zu diesem Buch über chinesische Astrologie ein Zyklus von sechzig Jahren erwähnt wurde, den die chinesischen Astrologen alter Zeit bevorzugten. Dieser bedeutende Faktor vereint östliche und westliche Astrologietraditionen, weil er in beiden Systemen existiert. Sechzig Jahre sind nicht nur ein Drittel der »großen solaren Runde« von 180 Jahren (an deren Schluß die Planeten tendenziell auf derselben Seite der Sonne angeordnet sind), sondern es ist auch der einzige Zeitpunkt, an dem die Anzahl der Umkreisungen der Giganten des solaren Systems, Jupiter und Saturn, untereinander teilbar sind (fünf Umkreisungen des Jupiter = etwa sechzig Jahre; zwei Umkreisungen des Saturn = etwa sechzig Jahre).

Die Chinesen, die sicher ebensoviel über das Sonnensystem wußten wie die Babylonier oder Ägypter, scheinen die planetare Bedeutung des Zyklus' von sechzig Jahren vergessen oder durch ihre Faszination von Sonne und Mond verdrängt zu haben. Sie behalten sie jedoch im Gedächtnis, indem sie jedem Tierjahr eines von fünf Elementen zuordnen. Auf diese Weise ist ein Zeitraum von sechzig Jahren vergangen, wenn alle zwölf Zeichen durch alle fünf Elemente gewandert sind (5 x 12).

»Was hat all das mit mir zu tun?« höre ich Sie fragen. Die Antwort lautet: Die Kenntnis der Elemente und von welchem Sie beeinflußt werden ist eine Grundvoraussetzung, um wirklich zu verstehen, welch scharfsinnige Beobachter des Himmels und der Menschheit die chinesischen Schreiber eigentlich waren. Das Element, welches das Jahr Ihrer Geburt regierte, können Sie in den Tabellen auf Seite 6, 7 und 8 nachschlagen, wo es zusammen mit jenem Tier aufgelistet ist, das das Jahr Ihrer Geburt beherrschte.

Auf den dann folgenden Seiten finden Sie eine Beschreibung von jedem Tierzeichen und der Veränderung, die es durch jedes Element erfährt. Ein Blick auf Ihre eigene Kombination zeigt, auf welche Weise Sie von den üblichen Aspekten Ihres beherrschenden Tierzeichens abweichen, und Sie erfahren, welche Wesensaspekte für Ihre Kombination aus Element und Tier typisch sind. Die fünf Elemente sind Metall, Holz, Feuer, Wasser und Erde. Man findet hier einige Parallelen zu den vertrauteren Elementen, die in der westlichen Astrologie verwendet werden, was – wie bei so vielen anderen Aspekten dieser Kunst – darauf hinzudeuten scheint, daß die Ursprünge astrologischer Studien so weit in den Nebeln der Zeit verborgen liegen, daß jeder Zweig ursprünglich einen gemeinsamen Vorgänger gehabt haben muß. Die Chinesen entschieden sich jedoch schließlich für ein Fünf-Elemente-System – ein Weg, den keine andere große Kultur einschlug.

Die chinesischen Elemente

Metall

Metall fördert eine unbeugsame Natur, die sowohl an sich selbst als auch an andere Menschen, mit denen der Betreffende in Kontakt kommt, zusätzliche Anforderungen stellt. Hier finden wir große Charakterstärke.

Wasser

Gewöhnlich heißt es von Wasser-Menschen, sie seien sehr kreativ. Hier finden wir Mitgefühl und Verständnis, was die schärferen Eigenschaften jedes Zeichens mildert und Freundlichkeit stärker durchscheinen läßt.

Holz

Holz-Menschen sorgen sich sehr um andere. In Holz-Typen findet man Wärme, Großzügigkeit und kooperative Einstellungen. Zu diesem Element gehört auch die Fähigkeit, andere dazu zu bewegen, die Dinge so zu betrachten, wie der Betreffende sie selbst sieht.

Feuer

Wie das Element vermuten läßt, fördert Feuer die dynamische Wesensqualität. Feuer-Menschen sind sehr zielstrebig und selten von irgendeinem Handlungskurs abzubringen, für den sie sich entschieden haben.

Erde

Die größte Tugend der Erd-Menschen ist Geduld. Sie können lange und hart arbeiten, um zu sehen, wie ihre Ideen Früchte tragen und streben ständig danach, noch erfolgreicher zu werden. Dieses Element kann jedoch sehr stur sein.

Metall-Ratte

Da die Ratte bereits ein sehr dynamischer Charakter ist, besteht kein Zweifel, daß die Hinzufügung des Metall-Elementes die positiven Qualitäten des Zeichens steigert – gelegentlich zum Nachteil der freundlichen und versöhnlichen Ratte-Natur.

Die Präsenz von Metall unterstützt ein beißenderes Wesen und größere Eindringlichkeit. Es führt zu mehr Leidenschaft und löscht auch einige der potentiell schwächeren Eigenschaften aus. Man kann sagen, daß das grundlegende Ratte-Wesen durch die Anwesenheit von Metall eigentlich sehr wenig verändert wird. Perfektes ist schließlich kaum zu verbessern, und die unterbewußte Präsenz dieses Elementes dient – wenigstens im Geist der Metall-Ratte – lediglich dazu, zu bekräftigen, daß sie tatsächlich eine »ziemlich ausgeglichene Person« ist. Unglücklicherweise könnte die Welt jedoch anderer Meinung sein, denn selbst wenn die Metall-Ratte vor lauter Energie zerspringt, vor Selbstvertrauen überfließt und randvoll mit Leidenschaft ist – schaut sie deshalb wirklich weiser in die Welt?

Im Grunde ist diese Ratte genauso besorgt und fürsorglich wie ihre Sippschaft, wenn man hier auch mit geringerer Wahrscheinlichkeit die Tugend des Verständnisses antrifft, und sie wird leicht beschuldigt, eigenen Interessen nachzujagen. Dennoch begegnen wir hier einer Ratte, die entschlossen ist, im Leben Erfolg zu haben, welche Hindernisse sich ihr auch in den Weg stellen mögen. Die von Natur aus findigen Qualitäten, die zu diesem Zeichen gehören, schärft die Metall-Ratte alle bis zur Perfektion. Dies ist eine anpassungsfähige und ohne Frage erfolgreiche Ratte, wenn einige auch den Eindruck gewinnen könnten, sie mache sich ständig lieb Kind. Doch es liegt am Betrachter, die Schönheit wahrzunehmen, und viele Menschen singen Loblieder auf die dynamische, fähige Metall-Ratte.

Wasser-Ratte

Kenneth Grahame, Autor von *Der Wind in den Weiden*, hätte diesen Charakter wiedererkannt, weil er so sehr der Wasserratte ähnelt, die er kreierte. Ratty ist ein extrem tüchtiger Charakter, der mit den gefürchteten Wieseln umgehen kann, die allen anderen soviel Ärger bereiten. Er ist mutig und einfallsreich, versteht aber auch weniger positive Typen wie den furchtsamen Mole.

Wasser fördert ein tolerantes Wesen und läßt die Kräfte der Kommunikation richtig zur Geltung kommen. Deshalb nähert sich diese Ratte dem Leben am besten durch Verständnis und Kommunikation.

Die Wasser-Ratte kennt ihre eigenen Grenzen besser als der Rest des Ratten-Klans, wenn sie auch nicht zuläßt, daß man ihr in die Quere kommt. Wo andere Ratten eher mit der Tür ins Haus fallen, erreicht die Wasser-Ratte gewöhnlich mit Diplomatie ihr Ziel. Dieses Geschöpf erkennt instinktiv, daß Konfrontation nicht immer der beste Weg ist, um weiterzukommen.

Die Wasser-Ratte neigt nicht halb so stark wie ihre Cousins zu Verurteilung – wenn sie sich auch für bestimmte Gelegenheiten immer wieder noch ein gesundes Temperament bewahrt. Der liebe Ratty wird manchmal ziemlich wütend über das lächerliche Verhalten weniger »zentrierter« Tiere wie Mr. Toad; man kann sich jedoch darauf verlassen, daß er sogar dem prahlerischen und kapriziösen Toad gegenüber mit Überlegung und Einfühlungsvermögen handelt, wenn sein Zorn verraucht ist. So ähnlich ist es bis zu einem gewissen Punkt bei allen Wasser-Ratten, die entzückt aushelfen, wann immer eine Gelegenheit auftaucht. Vielleicht bahnen sie sich ihren Pfad im Leben nicht so, wie es mit einer Verbindung von Metall oder Feuer der Fall wäre, besonders, was Reichtum und Prestige betrifft, sie besitzen jedoch als Entschädigung eine Gelassenheit, um die sie ihre Rattenbrüder und -schwestern durchaus beneiden können. Die Wasser-Ratte ist wahrscheinlich die weiseste in der Nagerfamilie.

Holz-Ratte

Es besteht eine viel geringere Wahrscheinlichkeit als bei anderen Mitgliedern der Ratten-Rasse, der Holz-Ratte als Leiter der »Gebrauchtwagenabteilung« zu begegnen. Das liegt daran, daß Holz Ethik mit sich bringt, und im Falle der Ratte beseitigt dies das »gerissene Jungs«-Gefühl, das das Zeichen in seiner überschwenglicheren Form manchmal begleitet. Die Holz-Ratte kann allgemein ein ruhigerer Typ sein, der bereit ist, zurückzutreten und den Pflanzen beim Gedeihen zuzusehen. Wahrscheinlich versteht sie es auch besser, eine routinemäßige Existenz aufzubauen, als es mit Metall oder Feuer der Fall wäre. Eine Verbindung mit Holz erhöht die natürliche Großzügigkeit der Ratte womöglich noch, so daß diese Individuen möglicherweise einen großen Teil ihrer Zeit damit verbringen, anderen zu helfen – und oft tun sie es auch.

Eines der größten grundsätzlichen Probleme der Ratte besteht in der angeborenen Neigung, sich gelegentlich mehr aufzuladen, als vernünftig ist. Das kann zu einigen Mißgeschicken und auch zu körperlicher Erschöpfung führen. Das Holz-Element verringert die Wahrscheinlichkeit einer solchen Situation, da es einiges von dem Druck wegnimmt, welcher die Ratte in allen Lebenslagen verfolgt. Das Ergebnis ist ein ruhiger Nager, immer noch sehr tüchtig und ziemlich erfolgreich, aber überlegter und weniger ängstlich.

Hier finden wir wenige Schattenseiten. Zum einen ist die Ratte von Natur aus eine neugierige Person, was für einen ansehnlichen Prozentsatz ihres Interesses verantwortlich ist, das Ratten ihrer Lebensreise entgegenbringen. Da die Holz-Ratte von Natur aus vorsichtiger ist, ist es weniger wahrscheinlich, daß sie viel riskiert. Dies läßt zwar weniger Raum für Irrtümer, deutet aber auch darauf hin, daß die Holz-Ratte für vergleichbare Resultate länger arbeiten muß. Der Ratte mangelt es generell an Geduld, also ist hier vielleicht ein Widerspruch aufzulösen.

Feuer-Ratte

Das ist die Ratte in ihrer mitteilsamsten Ausführung und in bester Stimmung. Es ist die Party-Ratte, der Draufgänger mit dem Bedürfnis, etwas zu erreichen und dabei gesehen zu werden. Stärke, Energie und Dynamik sind die Qualitäten des Feuers, und wenn man sich erinnert, daß die Ratte bereits ein ziemlich dynamisches Wesen besitzt, fördert ein zusätzlicher »Schubs« einen Charakter, den man nicht leicht an der Nase herumführen und selten verbessern kann und der immer bereit ist, etwas Neues zu probieren.

Es erfordert Energie, die Feuer-Ratte allein nur in Aktion zu sehen – und wehe dem Individuum, das mit dieser Zeichen- und Element-Kombination nicht Schritt halten kann! Feuer-Ratten sind abenteuerlustig, ausgezeichnete Reisende und lieben es, eine Herausforderung vor Augen zu haben. Die tendenziell beste Arbeit ist eine, die die Möglichkeit zur Interaktion bietet, weil die Ratte den Austausch innerhalb von Beziehungen liebt und gern im Zentrum der Geselligkeit steht.

Wie fast immer verstärkt die Präsenz des Feuers hier nur die Qualitäten, die dem Zeichen der Ratte bereits innewohnen.

Das vielleicht größte Geschenk, das Feuer der Ratte bringt, ist die Fähigkeit, andere besser motivieren zu können. Der Nager mag es, von Nutzen zu sein, obwohl er häufig in erster Linie auf seine eigenen Interessen schaut. Die Feuer-Ratte verfügt über genügend Energie und Unternehmungsgeist, um sowohl die Schäfchen anderer wie auch ihre eigenen ins Trockene zu bringen. Vielleicht stellen Sie fest, daß dieser Charakter ein wenig zu selbstbeherrscht und sogar eitel ist. Wie bei allen anderen Kombinationen in der chinesischen Astrologie hängt viel vom Mondzeichen und auch vom aufsteigenden Zeichen ab.

Die schlimmste Feuer-Ratte kann arrogant und dominant sein, wohingegen die besten Vertreter warm, fürsorglich und wahrscheinlich genauso hilfsbereit wie nur irgend jemand sonst sind.

Erd-Ratte

Bei Individuen, deren chinesisches Zeichen mit Erde verbunden ist, kann man sich mehr oder weniger darauf verlassen, daß das grundlegende Wesen stabiler ist. Im Falle der Ratte, der es an Kontinuität mangelt und die von Natur aus dazu neigt, zu viele Aufgaben zur gleichen Zeit zu übernehmen, kann dies ein ausgesprochener Vorteil sein.

Die Erd-Ratte wirkt etwas stiller als andere Mitglieder der Rattenfamilie und geht es überlegter an, besonders, wenn neue Anreize locken. Von der grundlegenden Ratten-Natur geht nichts verloren, denn Erde hat die Tendenz, die von Natur aus positiven Qualitäten der »Rattenhaftigkeit« eher zu unterstützen als zu behindern. Dieser Charakter ist gewöhnlich vertrauensvoll und betrachtet das Leben eher philosophisch. Geduld benötigt jede Ratte soviel wie nur möglich, die des Erd-Typus ist weniger allgemein als auf ein spezifisches Ziel gerichtet. Verbunden mit Vorurteilslosigkeit und einem ausgesprochen praktischen Sinn gelangen die Erd-Ratten in verantwortungstragende Positionen.

In Beziehungen ist diese Ratte ziemlich beständig und scheint viele der Qualitäten zu bieten, nach denen ein beschränkterer Geist sucht. Da der Drang, sich bei der erstbesten Gelegenheit in ein neues Abenteuer zu stürzen, geringer ausgebildet ist, gibt sich die Erd-Ratte auch in bezug auf materielle Freuden eher mit weniger zufrieden und sucht statt dessen ein zufriedenstellendes Auskommen im Leben.

Dies ist ein allgemein glückliches Geschöpf, das stets hilfsbereit und darauf bedacht ist, seinen weniger gutgestellten Genossen und Freunden auszuhelfen. Man kann mehr oder weniger garantieren, daß es auf die positive Seite der Dinge schaut. Alles in allem gibt es genügend Grund zu der Annahme, daß die Erd-Ratte eines der erfolgreichsten und motiviertesten Geschöpfe sein kann, das in der Menagerie zu finden ist.

Metall-Büffel

Der Büffel ist dafür bekannt, etwas Reaktionäres zu haben, daher kann die Anwesenheit von Metall hier nicht schaden. Wenn dieses Element hinzukommt, erhöht es sicherlich die natürliche Leidenschaft des kühlen Büffels wie auch seine Temperatur und veranlaßt das schwerfällige Arbeitstier, seine Geduld und Entschiedenheit etwas dynamischer zu nutzen. Es gibt natürlich auch Schattenseiten. Wenn der Büffel zum Beispiel entscheidet, daß die Zeit gekommen ist, seine Absätze in etwas zu bohren, gibt es weit und breit niemanden, der die schwere Kreatur von der Stelle bewegen könnte. Zuviel Metall im Wesen kann den Büffel noch mehr lähmen und zur wahrscheinlich stursten Person machen, die man sich vorstellen kann.

Obwohl Büffelgeborene gründlicher sind und durch harte Arbeit und Beharrlichkeit gewöhnlich viel erreichen, kommen Metall-Büffel-Individuen schneller ans Ziel. Hier finden wir phantastisches Selbstvertrauen, das gewöhnlich mit einer kräftigen Statur und einer unermüdlichen Annäherung an jene Aspekte des Lebens gepaart ist, die den Metall-Büffel am meisten interessieren. In Beziehungen ist dieses Mitglied der Herde sehr leidenschaftlich und kann Worte der Liebe äußern, die dem Büffel allein schwer über die Lippen kommen würden. Trotzdem ein Wort der Vorsicht: Der Büffel neigt stark zu Eifersucht, und wenn Metall hinzukommt, könnte das die Dinge verschlimmern. Da es nicht ratsam ist, sich mit einem erzürnten Büffel anzulegen, vermeidet man die Situationen am besten von Anfang an.

Der Metall-Büffel ist ein guter Elternteil, ein loyaler und lohnender Freund und besitzt viel mehr Humor, als man es von anderen Charakteren der Büffelfamilie erwarten kann. Vor allem finden wir hier Verläßlichkeit Seite an Seite mit Aktion – eine Kombination, die bei dieser Gattung keineswegs immer zu erwarten ist!

Wasser-Büffel

Es gibt einen Lebensbereich, mit dem der Büffel oft einige Schwierigkeiten hat, nämlich die Sphäre der Kommunikation. Es ist nicht so, daß er anderen Menschen nicht erzählen will, wie er sich fühlt, und es besteht auch kein Zweifel, daß hinter diesen oft gerunzelten Brauen eine Menge vorgeht – das eigentliche Problem besteht darin, die richtigen Worte zu finden. Hier kann das Element Wasser eine große Hilfe sein, und es besteht kein Zweifel, daß dies eine gute Tier- und Element-Kombination ist. Dies ist ein besonders zugewandter Büffel, oder wenigstens einer, der seine Fürsorge leichter ausdrücken kann. Wasser mildert außerdem einige der eigensinnigeren Eigenschaften des Zeichens, so daß der Wasser-Büffel auch bereit ist, Kompromisse einzugehen – etwas, wofür dieses Zeichen keinesfalls berühmt ist.

Diesem Mitglied der Büffelherde fällt es leicht, neue Ideen zu entwickeln, daher ist in diesem Fall bereits Erfolg im jungen Leben zu erwarten.

Dem Büffel mangelt es nie an der Fähigkeit, logisch zu denken oder hart zu arbeiten; aber der Durchschnittsbüffel neigt wie ein Spielzeugauto ohne Rückwärtsgang dazu, gegen eine Mauer zu rennen, statt die Richtung zu ändern, wenn es am ratsamsten wäre. Der Wasser-Büffel betrachtet die Dinge mit Wahrscheinlichkeit aus größerem Abstand, ohne das Bedürfnis, vorschnell Urteile zu fällen, die eine Richtungsänderung zu einem späteren Zeitpunkt verhindern würden.

Genauso bedeutsam ist es, daß die Einbeziehung von Wasser im Wesen außerdem die Interessen des Büffel erweitert und bewirkt, daß er für Möglichkeiten offen ist, die nicht zur ständigen »Schinderei« in Richtung auf das gewählte Lebensziel gehören. Der Büffel wird genau dort ankommen, wo er hin will – und wehe dem, der versucht, ihn daran zu hindern! Auf seinem Weg wird er gern gelegentlich innehalten, um die Natur zu genießen.

Holz-Büffel

Einige sagen, dieses Element entspräche dem Büffel-Temperament am meisten, und in vieler Hinsicht scheint dies der Fall zu sein. Der Holz-Büffel ist sehr kooperativ und neigt dazu, sein enormes Potential hauptsächlich für ständige Bemühungen zum Guten anderer einzusetzen. Holz bringt stets Wärme mit sich, und dies drückt sich nirgendwo subtiler und zugleich mit größerer Wirkung aus als im Falle des Büffels. Viele Leute erkennen die wahre Emotion, die dem Wesen der meisten Büffel-Typen zugrunde liegt, überhaupt nicht, was für den Holz-Büffel kaum ein Problem darstellt, da dieses Geschöpf seine Gefühle viel bereitwilliger zeigt. Er gibt in keiner Weise mehr und ist auch nicht fürsorglicher als der Rest der Herde – er drückt seine Fürsorge einfach aus und kann als Folge davon auch mit ihr umgehen.

Da das Holz Nachdenklichkeit fördert, wovon der Büffel bereits über eine Menge verfügt, ist dies vielleicht nicht das lauteste Mitglied der Büffel-Bruderschaft. Einen Holz-Büffel in der Familie bittet man nicht oft, sich »zu beruhigen«. Hier finden wir Kultiviertheit im Überfluß: Der Holz-Büffel will immer gut aussehen, man kann sich darauf verlassen, daß er mit Diskretion und Geschmack agiert, und es mangelt ihm nie an irgendeiner Form von Gesellschaft. Dieser Typ kommt jedoch nicht besonders gut mit einer vernachlässigten oder gar unordentlichen Umgebung zurecht. Holz-Büffel findet man unweigerlich in »sauberer« Umgebung, und wie andere Mitglieder der Herde können sie lange und hart arbeiten, um ihre Lebensziele zu erreichen.

Vor allen Dingen begegnen wir hier großer Fürsorge für die Angelegenheiten der Welt. Darum findet man den Holz-Büffel so oft in Situationen, die auf die eine oder andere Art der Menschheit dienen. Dienen ist ihm der Schlüssel zu persönlichem Glück und beschert ihm einen hohen Grad an Erfolg.

Feuer-Büffel

Hier finden wir Fleiß in Verbindung mit Kraft – eine zeitweise eindrucksvolle Kombination, aus der das materiell erfolgreichste Mitglied der Büffelfamilie entstehen kann. Der eigentliche potentielle Nachteil liegt offenbar darin, daß der Büffel es schafft, sich zu verausgaben, bevor er seine eigentlichen Lebensziele erreicht. Dies ergibt keine sonderlich gute Prognose im Hinblick auf seine allgemeine Gesundheit.

Der Büffel ist von Natur aus ein Arbeitstier und erzielt die besten Ergebnisse, wenn er nicht angetrieben unter unter Druck gesetzt wird. Der Feuer-Büffel muß seine Motivation aus seinem Inneren entwickeln, während dieses Selbstfindungsprozesses erscheint er gelegentlich als uneins mit sich selbst. Der Feuer-Büffel muß eine ruhige und kontemplative Haltung kultivieren und die Dynamik und den Mumm des heißen Elementes aufsparen, bis es wirklich gebraucht wird. Solange dieses Gleichgewicht aufrechterhalten werden kann, finden wir hier jene verborgene Kraft, die Berge zu versetzen vermag. Im Leben eines Feuer-Büffels ist immer etwas in Bewegung, was sie so anziehend und interessant auf andere wirken läßt, allerdings verlangen sie von ihrer Umwelt ebensolchen Schwung und die gleiche Beharrlichkeit.

Wenn Feuer und Büffel zusammentreffen, mangelt es nicht an Mitgefühl – jedenfalls dann nicht, wenn der Empfänger erkennt, daß Gaben dazu da sind, genauso zum Wohle anderer wie zum eigenen eingesetzt zu werden. Gewöhnlich ist sich der Büffel dieser Tatsache sehr bewußt, und speziell der Feuer-Büffel vermag den für ihn bedeutsamen Anliegen beeindruckende Intensität zu verleihen.

Dies ist eine Persönlichkeit, mit der man definitiv rechnen muß, und jene chinesischen Zeichen, die sich für dynamischer als der vorsichtige Büffel halten, sollten den Feuer-Büffel nicht unterschätzen.

Erd-Büffel

Beobachten Sie irgendeine Herde wilder Büffel, und es besteht eine gute Chance, daß Sie irgendwo in der Herde einen erspähen, der immer als letzter ankommt, es fertigbringt, mehr Futter zu finden als der Rest und garantiert bei jeder Gelegenheit Energie spart. Das menschliche Gegenstück zu diesem spezifischen Tier ist der Erd-Büffel. Man kann diesen Menschen nicht dazu bewegen, irgend etwas zu tun, das ihm gegen den Strich geht. Dieser Büffel, der so stur ist wie der Tag lang, ist oft kerngesund und hat immer ein angenehmes Wesen.

Der Erd-Büffel wird niemals draußen in der Kälte stehen, da er sich trotz seiner schwerfälligen Art als bester Arbeiter des ganzen Büffel-Klans herausstellt. Hier haben wir eine geborene Hausfrau (oder einen Hausmann) und einen liebevollen Partner. Es ist zwar richtig, daß der typische Erd-Büffel nicht der aufregendste Mensch der Welt ist; wenn Sie jedoch Verläßlichkeit, ein allgemein sonniges Wesen, einen mehr als durchschnittlichen Scharfblick und erdigen gesunden Menschenverstand suchen, ist das Ihr Mann oder Ihre Frau. Man kann gewöhnlich darauf vertrauen, daß seine Meinungen fundiert sind – hauptsächlich, weil der Erd-Büffel es überhaupt nicht mag, herumzuraten. Wenn ein solcher als Zimmermann mit einer neuen Haustür vor Ihrem Haus auftaucht und sagt, daß sie paßt, dann können Sie sich darauf verlassen, daß es so ist.

Weniger erfreulich an diesem Charakter ist, daß er jeden Tag seines Lebens genau dasselbe auf genau dieselbe Art sagen kann, ohne diesem jemals müde zu werden. Auch Vorstellungskraft ist nicht die Nummer eins auf der Tagesordnung, weshalb der Erd-Büffel eher reproduziert als erfindet. Dies steht praktischen Fähigkeiten keinesfalls im Weg, denn hier finden wir den besten Ingenieur, Elektriker oder Steinmetz weit und breit. Wenn Sie etwas an Ihrem Haus verrichtet haben möchten, halten Sie nach diesem Charakter Ausschau.

Metall-Tiger

Obwohl es der Tiger – besonders im Hinblick auf emotionale Bindungen – allgemein bevorzugt, allein seinen Weg zu gehen, ist der Metall-Tiger ein Wesen von etwas anderer Art. Der zielstrebige Aspekt dieses Elementes paßt gewöhnlich gut zu den sehr objektiven Qualitäten, die das Zeichen oft zeigt, und ergibt einen leidenschaftlicheren Typus. Man sollte jedoch bedenken, daß das Zeichen des Tigers stark genug ist, um in fast jeder Situation für sich allein zu stehen – daher ist der Zusatz jedes Elementes bei der Einschätzung des Gesamtwesens von ziemlich geringer Bedeutung.

Nichtsdestotrotz haben wir hier einen Tiger, mit dem man rechnen muß. Dieser Mensch will im Leben in jedem Fall seinen eigenen Weg gehen – auch wenn er es fertigbringt, Sie davon zu überzeugen, seine Bedürfnisse seien auch die Ihren. Fügen Sie diesem Szenario Metall hinzu, und Sie finden einen Tiger, der Sie wirklich hinters Licht führen kann und nicht zögern wird, es bei fast jeder Gelegenheit zu tun. Das ist vielleicht nicht so problematisch, wie es sich anhört, denn der Tiger ist altruistisch und sorgt sich sehr um seine Freunde und Gefährten. Metall kann zu größerer Entschiedenheit führen, obwohl er es unweigerlich dazu benutzen wird, »das Richtige« zu tun.

Der Metall-Tiger ist nicht ganz so verwegen wie sein durchschnittlicher Bruder oder seine Schwester, und wenn er auch risikofreudig ist, wägt er das Für und Wider jeder gegebenen Situation vielleicht sorgfältiger ab. Hier haben wir den geborenen Politiker – wenn er sich auch dafür entscheiden könnte, seinem eigenen Weg auf den Hinterbänken zu folgen, statt Prinzipien zu opfern, um Macht zu erlangen. Obwohl er immer noch sehr ungebunden und genauso freiheitsliebend wie jedes Mitglied des Tiger-Klans ist, ist der Metall-Tiger ein guter Freund, ein vertrauenswürdiger Geliebter und jemand, den man sich nicht zum Feind machen sollte.

Wasser-Tiger

Es ist keineswegs sicher, daß diese Kombination aus Tierzeichen und Element jedem von ihnen viel Gutes bringt, denn die beiden sind oft uneins miteinander. Das Wasser verlangt ein weiches und verständnisvolles Wesen und schafft hier einen Tiger, der zurückhaltend und gelegentlich unsicher über seinen Platz in der Welt ist. Was hier an Kampfgeist verlorengeht, wird durch größere Häuslichkeit und Ruhe entschädigt.

Der Wasser-Tiger hat auch weniger Schwierigkeiten damit, die Drehungen und Windungen seiner oft ungewöhnlichen Natur zu erklären, und die Wahrscheinlichkeit, daß er sich für den Weg des geringsten Widerstandes entscheidet, ist höher als bei der durchschnittlichen Katze.

Obwohl einiges von der wahrhaft geheimnisvollen Aura des Zeichens fehlt, erweist sich der Wasser-Tiger als viel altruistischer als jeder seiner Cousins, die von anderen Elementen begleitet werden, und Sie können sicher sein, daß dies der beste Familien-Tiger von allen ist.

Wasser trägt wenig dazu bei, die unbekümmerte Natur des Zeichens zu verändern, obwohl diese Sorte Tiger wahrscheinlich von vornherein seltener in die Klemme gerät. Trotz seiner Neigung zum Partymittelpunkt könnte sich der Wasser-Tiger durchaus eine Ecke suchen, von wo aus er die Vorgänge dirigiert, und man findet ihn oft im Gespräch mit Menschen, die in irgendwelchen Schwierigkeiten sind – eine Tatsache, die diese Katze wirklich heraushebt.

Ein Teil der großen Anziehungskraft von Tiger-Menschen ist ihre Unberechenbarkeit, und diese Qualität wird natürlich bis zu einem gewissen Grad im Zaum gehalten, wenn Wasser im Wesen vorhanden ist. Wasser-Tiger besitzen eine Wärme, die dem Zeichen mit Sicherheit einige »Distanz« nimmt. Und wenn Sie möchten, daß sich Ihre Katzen auf den Rücken drehen, um sich den Bauch kraulen zu lassen, könnten Sie hier die richtige gefunden haben!

Holz-Tiger

Es gibt einen Aspekt beim Tiger, mit dem sich manche Menschen schwer abfinden können. Obwohl das Tiger-Individuum an der Oberfläche nur allzu umgänglich ist, bleiben sensible Wesen oft mit dem Eindruck zurück, niemals wirklich zu erfahren, was den Tiger in Gang hält. Wenn das Holz-Element im Charakter eines Tiger-Menschen präsent ist, bewirkt es offensichtlich mehr Wärme und ein besseres Verständnis dafür, wie man der Welt auf einer partnerschaftlichen Basis begegnet. Dies trägt zu seiner großen Beliebtheit bei und läßt auf mehr weltlichen Erfolg schließen.

Der Holz-Tiger ist eine sehr großzügige Person, sowohl im Hinblick auf Zeit als auch auf Geld. Eltern mit dieser Kombination kommen besonders gut mit ihren Kindern zurecht und sind oft kindlicher als die Geschwister. Dieser Tiger zeigt dem Leben gegenüber wahrlich große Begeisterung, obwohl er das einzige Mitglied der Familie sein kann, der mehr als für ihn förderlich etwas Belastendes aus dem Alltag in sich aufnimmt. Wenn man den Holz-Tiger oft in einer Ecke findet, wo er still grübelt, ist dies nicht auf eine übertrieben passive Wesensqualität zurückzuführen, sondern auf die Tatsache, daß dieser Mensch ein ebenso großer Denker wie Macher ist.

Wenn andere Tiger auf der Suche nach neuen Jagdgründen hinter dem nächsten Horizont verschwinden, findet man den Holz-Tiger oft zu Hause, denn dieser Mensch weiß, daß einige der besten Flüge, die man buchen kann, die der eigenen Imagination sind. Der Holz-Tiger legt mehr finanzielle Reserven an als die meisten seiner Cousins und kann durch Geduld und harte Arbeit bedeutenden Reichtum anhäufen. Da ihm immer neue Ideen kommen, könnte dieser Tiger damit ein Vermögen verdienen, sofern er die entsprechende Finanzierung findet. Trotz seiner Freundlichkeit hat der Holz-Tiger immer noch scharfe und gefährliche Krallen.

Feuer-Tiger

Hier haben wir den dynamischsten Bewohner der Tigeranlage, den man niemals unterschätzen sollte. Einige sagen, das Zeichen des Tigers gehöre von Natur aus zu diesem Element, aber damit würde man die Subtilität der Gruppe insgesamt unterschätzen. Feuer verleiht dem Tiger einen besseren Sinn für jede Zielsetzung, mehr Kraft und eine größere Tendenz, im Alltag Zwang einzusetzen.

Wenn man den leichtsinnigen Zug bedenkt, den man bei den meisten Tigern findet, könnte der Feuer-Tiger im Geschäftsleben entweder über Nacht zum Millionär werden oder im anderen Falle als Ergebnis einer übereilten Entscheidung aus dem Geschäft sein. Es gibt jedoch stets die Möglichkeit, ganz von vorn zu beginnen und das Beste aus jeder Gelegenheit zu machen, die sich zufällig anbietet. Der Feuer-Tiger ist scharfsinnig, guter Absicht, gewöhnlich glücklich und immer bereit auszuhelfen, wenn er kann.

Die größte Rolle, die Feuer in diesem Wesen spielt, ist eine Steigerung der Sehnsucht nach Freiheit auf jeder Ebene. Dieser Mensch möchte nicht an zuviel Routine gebunden werden und kann allein genauso glücklich sein wie in Gesellschaft. Versuchen Sie nicht herauszufinden, wie der Feuer-Tiger springen wird, denn er oder sie wird Sie jedesmal zum Narren halten. Hier erkennt man mehr als einen Hauch von Genie und den Wunsch, die Grenzen des Wissens mehr und mehr zu erweitern.

Fast alle Feuer-Tiger sind auf die eine oder andere Art kreativ, weshalb sie gute Künstler und Musiker ergeben – das heißt, wenn sie lange genug verweilen, um sich auf einen solch vornehmen Zeitvertreib zu konzentrieren. Hier haben wir den geborenen Forschungsreisenden, Politiker und radikalen sozialen Reformer, der sich von seinen Zielen nicht abbringen lassen will und der mit seinen originellen Standpunkten zu verblüffen weiß.

Erd-Tiger

Wenn es etwas gibt, woran es einem Tiger gelegentlich mangelt, dann ist es Geduld. Das ist einer der Gründe, warum der chinesische Tiger dazu neigt, sich von Zeit zu Zeit in schwierige Situationen zu bringen. Die Gegenwart von Erde im Wesen hat einen stabilisierenden Einfluß und läßt unter den meisten Umständen einen geduldigeren und gelasseneren Tiger zum Vorschein kommen. Dieser Mensch ist auch etwas weiser oder wenigstens eher bereit, durch geduldige Beobachtung und von dem Rat von Menschen, die Bescheid wissen könnten, etwas über das Leben zu lernen.

Die etwas ernstere und beständigere Natur des Erd-Tigers, sowie seine Fähigkeiten, Aufgaben auf konstruktive und organisierte Weise zu bewältigen, führen ihn Schritt für Schritt auf eine Leiter des Erfolges. Es ist nicht unwahrscheinlicher als beim Rest der Sippschaft, daß der Erd-Tiger abenteuerlustig ist, obwohl dies auch jemand ist, der bei einer Bergexpedition wenigstens ein Seil mitnehmen würde. Möglicherweise bevorzugt er Reisen zu Lande eher als zu Wasser oder Luft, aber es überwiegt das grundlegende Tiger-Bedürfnis nach Erschließung neuer Horizonte.

Der Erd-Tiger versteht es, den Bedürfnissen und Wünschen jener in seiner Umgebung, die vielleicht weniger gut gestellt oder in irgendwelchen Schwierigkeiten sind, ziemlich gut zu entsprechen. Er ist ein ausgezeichneter und effektiver Kämpfer für die Armen, Unterdrückten und Kranken.

Man sollte diesen Menschen, der alle Tiger-Zähigkeit besitzt, die man sich vorstellen kann, jedoch mehr Sinn für das Praktische und gute organisatorische Fähigkeiten hat, nicht unterschätzen. Gewöhnlich kann man sich darauf verlassen, daß er beständig auf ein Ziel hinarbeitet, solange er es für einigermaßen wichtig hält.

Metall-Hase

Der durchschnittliche chinesische Hase hat viele vorteilhafte Merkmale, wenn man ihm auch nicht unterstellen kann, eine dynamische Herangehensweise ans Leben stünde ganz oben auf der Liste. Für das schmusige Häschen kann Metall von ausgesprochenem Vorteil sein. Es wird dadurch nicht weniger liebevoll, aber sein manchmal ziemlich unterdrücktes Wesen bekommt etwas mehr »Biß«.

Der Metall-Hase verfügt über größere Beharrlichkeit und arbeitet lange und hart, um seine Ziele im Leben zu erreichen. Dies kann materialistische Zwecke fördern, wenn man auch im Gedächtnis behalten muß, daß der ganze Hasenklan mehr zum Spirituellen statt zum strikt Materiellen neigt, und der Metall-Hase bildet wahrscheinlich keine Ausnahme.

Bei diesem Hasen stoßen wir auf mehr Leidenschaft, und das bedeutet, daß die allgemeine Liebe zur Menschheit manchmal von einer intensiven persönlichen Liebesgeschichte von jener Art verdrängt wird, die sehr positiv oder absolut zerstörerisch sein kann – das hängt völlig von den Umständen ab.

Wenn sich der Metall-Hase einmal eine Meinung gebildet hat, ist es sehr unwahrscheinlich, daß er einen Richtungswechsel in Erwägung zieht – was meilenweit von der Unschlüssigkeit entfernt ist, die das Leben einiger anderer Mitglieder seiner Familie beeinträchtigt.

Ein Metall-Hase ist so freundlich, wie der Tag lang ist, und besitzt ein besseres Gespür für die Bedürfnisse anderer. Es ist eine Tatsache, daß Metall in einem weniger progressiven Zeichen oft die besten Qualitäten betont und den betreffenden Menschen mit Sicherheit mehr an die vorderste Front des Lebens trägt. Das führt dazu, daß dieser Hase sehr beliebt und wahrscheinlich verläßlicher als einige seiner Brüder und Schwestern ist. Die magnetischen und intuitiven Qualitäten des Metall-Hasen sind besonders bemerkenswert und weisen auf einen Menschen hin, der nicht leicht zum Narren zu halten ist.

Wasser-Hase

Dies ist eine sehr angenehme Variante des Hasen, die man wirklich gern um sich weiß. Auf jeden Fall findet man im freundlichen und sensiblen Wesen des durchschnittlichen Hasen nur wenige Fehler, und der Zusatz von Wasser macht diesen attraktiven Typus gesprächiger und weniger geneigt, in dem seltsamen stillen Zauber zu versinken, der den Unwissenden etwas überraschen könnte. Der Wasser-Hase unternimmt alles, was er kann, um zu helfen und kann sich leicht in den Standpunkt anderer hineindenken.

Es könnte hier jedoch wenigstens einen kleinen Nachteil geben. Der Hase tendiert dazu, gelegentlich den Weg des geringsten Widerstandes zu gehen, weil er nicht gern streitet oder in einer ausschließlich glücklichen Umgebung leben möchte. Der Wasser-Hase neigt am meisten zu einem harmonisierenden Verhalten und einer Konfliktvermeidung, so daß manche ihn als Drückeberger betrachten. Jegliche Härte in der Einstellung, die man beim Hasen findet – und das wird kaum viel sein –, wird von der reinen Flexibilität des Wassers beseitigt. Sie könnten sich jedoch zum Schluß mit einem Hasen wiederfinden, der fast alles für jeden tut – und als Ergebnis in persönlicher Hinsicht wiederholt verlieren kann.

Für den Wasser-Hasen heißt das Spiel manchmal »Verwirrung«, eine Tatsache, die auf die Menschen abfärben könnte, die mit diesem ungeheuer attraktiven, wenn auch manchmal nachlässigen Charakter leben.

Wenn dieser Mensch nicht lernt zu unterscheiden und darauf besteht, das Leben durch eine rosafarbene Brille zu betrachten, wozu er durchaus gelegentlich neigt, kann Romantik zum Problem werden. Unglücklicherweise wählt dieser Hase nicht immer sehr sorgfältig und fällt leicht auf eine überzeugende »Masche« herein. Der Wasser-Hase braucht die Hilfe und Unterstützung eines viel stärkeren Zeichens, um in der Welt sein Bestes zu geben.

Holz-Hase

Hier finden wir ein wirklich sehr beschäftigtes Wesen, das bei der Planung einer Welt, die seinem eigenen, sehr anspruchsvollen Empfinden entspricht, vor nichts haltmachen wird. Da der Hase zu seinen besten Zeiten ein sehr kooperativer Typus ist, sollte man erwarten, daß der Hase einen noch größeren Wunsch hegt, anderen von Nutzen zu sein. Mit etwas Sinn fürs Praktische, der mit diesem Element einhergeht, ist der Holz-Hase mehr als vorbereitet, in der materiellen Welt Dinge zu vollbringen.

Ein Problem könnte im Bedürfnis des Hasen liegen, die Dinge zu verlangsamen, wodurch er etwas Erholung und Auffrischung in sein Leben bringen möchte, ansonsten könnte es für diese sensible Natur zu hektisch werden. Weil der Holz-Hase darauf besteht, weit mehr als jeder seiner Cousins zu agieren, ist die Wahrscheinlichkeit höher, daß die meisten von ihnen gelegentlich an einen Tiefpunkt gelangen und sich sogar bis an den Rand nervöser und körperlicher Erschöpfung treiben. Häufige und lange Zeiträume völliger Ruhe, regelmäßige Meditation, gute Ernährung und viel Nachtschlaf sind hier das Rezept.

Der Holz-Hase ist zweifellos eines der mitfühlendsten und fürgsorglichsten Wesen im ganzen Zoo, und Menschen, die mit dieser Kombination geboren wurden, sind immer bereit, ihr eigenes Leben im Stich zu lassen, um jemandem zu helfen, der in Schwierigkeiten steckt. Hier haben wir einen tiefverwurzelten Sinn fürs Praktische, zusammen mit einer großen Intuition, die sich bis in den Geist anderer erstrecken kann und nach dem Grund für jede Verstimmung sucht. Wurde dieser einmal entdeckt, mangelt es nicht an Vorstellungskraft, die der Holz-Hase einsetzt, um eine Reihe geeigneter Lösungen zu finden.

Der Holz-Hase ist wahrscheinlich ein Träumer, aber diese Träume sind idealistisch und können sich auf lange Sicht oft in solide Realität verwandeln. Die Ideen dieses Menschen sollten nicht von der Hand gewiesen werden – egal, wie merkwürdig sie erscheinen mögen.

Feuer-Hase

In rein materieller Hinsicht mag dies der erfolgreichste Wesenstypus sein. Generell ist der Hase keineswegs ein Materialist und betrachtet das Leben eher von der Frage aus, wie er am glücklichsten sein kann, statt aus der Perspektive, wo die nächste Mark herkommen könnte. Natürlich möchte auch der Feuer-Hase glücklich sein, kann seinen Geist aber auch den weltlicheren Aspekten des Lebens zuwenden, um es für sich und seine Angehörigen bequemer zu gestalten. Der Feuer-Hase ist unerschrockener als seine Cousins und flüchtet nicht halb so schnell vor Gefahr jeder Art.

Jeder Hase verfügt über die Fähigkeit, seine Ziele mittels Psychologie und Manipulation zu erreichen, wenngleich die Anwesenheit von Feuer größere Aktivität in Richtung auf ein Ziel verleiht. Dies ist ein schlauer Hase, nicht immer ganz gewissenhaft, aber im Grunde besitzt er eine ziemlich gute Vorstellung davon, wie die Welt wirklich funktioniert, und spielt das Spiel garantiert nach seinen eigenen, ziemlich individualistischen Regeln.

Wie der Rest dieses Klans will der Feuer-Hase eigentlich ein friedliches Leben führen, aber sogar ein Hase hat Zähne. Ein Zoologe berichtete einmal, daß ein wilder Hase sich einem Wiesel, seinem natürlichen Feind, nicht nur in den Weg stellte, sondern es tatsächlich besiegte. Das muß ganz sicher ein echter Feuer-Hase gewesen sein, und es vermittelt uns eine Vorstellung von der Kraft, die in diesem Typus verborgen ist, wenn er in irgendeiner Weise provoziert oder bedroht wird.

Der Feuer-Hase ist entzückt, wenn er andere überrumpeln kann, würde jedoch energisch abstreiten, so etwas jemals zu tun – sogar dann, wenn man ihn mit den Tatsachen konfrontiert. Dieser Hase-Typus ist voller Energie, liebt Abenteuer und kann ein großartiger Reisender sein. Wenn Sie einen Feuer-Hasen treffen, der gerade zu einer ausgedehnten Reise aufbricht, können Sie sich einfach entscheiden, mitzufahren – Sie werden sicher Spaß haben.

Erd-Hase

Dies ist ohne jeden Zweifel der freundlichste und sensibelste aller Hasen. Der Hase behält immer die Welt als Ganzes im Auge und fragt sich, wie er den Menschen, die ihm am Herzen liegen, besser helfen kann. Der Erd-Hase erweitert dieses Potential auch auf die Menschen, die er nicht persönlich kennt. Viele mit diesem Zeichen und Element finden sich in helfenden Berufen der einen oder anderen Art, und alle sind genauso engagiert, wenn die Pflichten des Arbeitstages hinter ihnen liegen.

Dieser Hase dürfte kein Wanderer sein, und obwohl er die merkwürdig fremden Ferien wahrscheinlich nur allzu sehr genießt, neigt er zu einem Dasein als glücklicher Stubenhocker. Zuhause fühlt er sich sicher, und dort kann er vergnügt seinen eigenen Kokon spinnen, der sich auf seine Familie und Freunde erweitert. Er ist in gewisser Weise pedantischer als andere Hasen, denn Erde schenkt ein gutes Organisationstalent und die ausgezeichnete Fähigkeit, Dinge in Ordnung zu bringen. Der Erd-Hase ist kreativ, sehr intuitiv und seiner Umwelt gegenüber immens empfänglich.

Wenn irgend möglich, sollte es der Erd-Hase vermeiden, sich Sorgen zu machen, denn dazu neigt er. Wenn man ihn über längere Zeiträume gewähren läßt, kann Überarbeitung einige Probleme mit sich bringen. Der Erd-Hase muß seine Batterien von Zeit zu Zeit aufladen und sollte nicht auf den Gedanken verfallen, sich mehr als eine Vollzeitbeschäftigung aufzuladen.

Dies ist ein vertrauenswürdiger Mensch, der mit Geld und auch im Hinblick auf die Finanzen anderer vorsichtig ist, mit bedeutender Verantwortung umgehen kann und kaum jemanden im Stich läßt, sei es ein enger Kumpel oder ein völlig Fremder. Der Erd-Hase schmust gern und braucht eine glückliche Beziehung, um sein Bestes geben zu können.

Metall-Drache

Das ist eine der explosivsten und potentiell tonangebendsten Kombinationen unter allen Konstellationen. Denken Sie daran, daß der Drache ein Geschöpf ist, das immer weiß, was es will – fügen Sie das dogmatische Element Metall hinzu, und Sie haben einen Menschen, der auch weiß, wie man Dinge im großen Stil in Bewegung bringt.

Niemand besiegt den Metall-Drachen, und oft behandelt er sogar die weltlichsten Situationen im Leben wie einen Wettbewerb. Daraus kann der Wunsch entstehen, Projekte bis zu ihrem Abschluß zu begleiten, und da der Metall-Drache alles selber erledigen will, kann dies auch zeitweise zu einer leicht isolierten Existenz führen. Hier haben wir einen Charakter, dem es schwerfällt, anderen zu vertrauen, und der vielleicht nur wenige enge Freunde, wenn auch möglicherweise eine beliebige Anzahl von Bekannten, hat.

Der Drache schaut aus einer ziemlich materialistischen Perspektive auf die Welt, und im Metall-Drachen verstärkt sich diese Tendenz. Nichtsdestotrotz sollte der zufällige Beobachter nicht glauben, es fehle diesem edlen Tier grundsätzlich an Freundlichkeit oder Mitgefühl. Wenn die Sympathien des Drachen einmal geweckt sind, kann er unermüdlich zugunsten weniger privilegierter Menschen oder derer arbeiten, denen die Dynamik fehlt, die die zweite Natur des Drachen ist. Der Metall-Drache wird jedoch Dummköpfe nicht gelassen ertragen und sich rasch mit jedem streiten, der sich nicht wenigstens ein bißchen anstrengt. Dieser Mensch gehört sicher nicht zu jenen, die am leichtesten zu verstehen sind, obwohl Sie real bekommen, was Sie sehen. Vielleicht ist das der Grund, warum viele, die einem Metall-Drachen zum erstenmal begegnen, entweder umgehend Kontakt zu diesem Individuum finden oder aber ihn als bombastisch, zu sehr von sich überzeugt, und oft als ungehobelt empfinden.

Wasser-Drache

Viele Menschen können nur schwer damit umgehen, daß die Drachenfamilie allgemein dazu neigt, die Dinge offen und forciert anzusprechen. Für den Drachen ist dies lediglich seine angeborene Ehrlichkeit – hinzu gesellt sich die Tatsache, daß sein Ego groß genug ist, ihn glauben zu lassen, sein Standpunkt habe mehr Gültigkeit als der von irgend jemand in seiner Umgebung. Mit dem Wasser-Drachen verhält es sich jedoch etwas anders, da er weit mehr Takt besitzt als ganz offensichtlich andere Mitglieder des Klans. Wenn der Wasser-Drache auch genauso entschiedene Meinungen vertritt, findet er seinen eigenen Weg durchs Leben viel besser – einfach deshalb, weil er Sie glauben läßt, seine Ideen seien sowieso von Anfang an die Ihren gewesen.

Eine weitere leichte Schwierigkeit, mit der der Drache zu kämpfen hat, besteht darin, daß er seine Meinung oft nicht in Worten auszudrücken weiß, die andere Menschen wirklich verstehen können. Mit seiner intellektuellen Autorität denkt der Drache, es müsse sicher an Ihnen liegen, wenn Sie seiner Beweisführung nicht ganz folgen können. Wasser verleiht mehr Bescheidenheit oder läßt es wenigstens so aussehen, als könne diese Art Drache fröhlich in der Menge verschwinden. Das führt dazu, daß sich der Wasser-Drache mehr echter Freunde erfreut, eine bessere Arbeitsbeziehung mit anderen aufbauen kann und glücklich im Team arbeitet.

Trotz der weicheren Seite dieser Drachen-Spezies sollte man nicht glauben, es mangele in irgendeiner Weise an dem Feuer, das traditionell mit diesem Geschöpf in Verbindung gebracht wird. Einige sagen, Wasser lösche das Feuer des Drachen. Dies trifft jedoch nicht zu, und wenn der Wasser-Drache auch mehr dazu neigt, seine Kraft für das Wohl anderer einzusetzen, ist dies dennoch eine dynamische Zeichen- und Elemente-Kombination.

Holz-Drache

Alle Drachen sind warmherzig, auch wenn sie versuchen, diese Tatsache gelegentlich hinter einem etwas harten Äußeren zu verstecken. Die meisten Experten stimmen jedoch zu, daß der Holz-Drache potentiell der freundlichste von allen ist und sich höchstwahrscheinlich für jene Menschen anstrengt, die dieselbe große, weite Welt bewohnen. Den Unterschied bringt hier die natürliche Tendenz des Holzes, die Großzügigkeit jedes Zeichens zu unterstützen, so daß in diesem Fall von der Dynamik und dem Schwung, die mit dem Drachen verbunden sind, viel für die gesamte Welt nach außen gekehrt wird.

Obwohl er wahrscheinlich immer noch ziemlich abrupt spricht, weiß der Holz-Drache, was Diplomatie ist, was man von einigen seiner Cousins nicht gerade behaupten kann. Holz läßt den Drachen klarer denken, so daß jeder Plan, der in die Tat umgesetzt wird, ein Ergebnis von langem und ernsthaftem Nachdenken über seine möglichen Folgen ist. An Vertrauen, das Richtige zu tun, mangelt es nicht; es wird jedoch durch eine praktischere Herangehensweise an Probleme unterstützt, auf die er unterwegs stößt. Dieser Drache beteiligt sich an keinem Rennen, ohne sich zuerst die Strecke anzuschauen.

Der Holz-Drache wird seine Grenzen besser kennen als andere Mitglieder der Spezies – nicht, daß er deshalb in praktischer Hinsicht weniger Erfolg hätte. Im Gegenteil: Durch seine Besonnenheit besteht eine größere Chance auf praktischen Erfolg, ohne einige der Risiken, die das Leben des Drachen allzu oft begleiten.

Dies ist ein Drache mit Familiensinn, Wärme und Charme, der nötigenfalls Takt und Diplomatie einsetzen kann – nicht gerade ein wandelnder Heiliger, aber sicher auch kein Teufel. Wenn Sie diesen Charakter um Hilfe bitten, ist es sehr unwahrscheinlich, daß er sie Ihnen verweigert.

Feuer-Drache

Als St. Georg vor vielen Jahren eine kleine Meinungsverschiedenheit mit einem Drachen austrug, war das Anstoß erregende Tier fast mit Sicherheit unter dem Element Feuer geboren. Dies ist der wetteiferndste, dynamischste und wagemutigste Drache von allen. Der Feuer-Drache ist oft ein herausragender Athlet, Geschäftsmann und Allround-Teufelskerl. Er versteht das Leben als Serie von Herausforderungen und macht sich auf, um es entsprechend zu führen. Dieses Geschöpf, das jedes neue Unternehmen freudig und mit Schwung angeht, stellt sich jedem Problem, wann und wo es auch auftritt, ohne an die Folgen zu denken. Feuer bedeutet Stärke und Ausdauer, also seien Sie nicht überrascht, wenn Sie diesen Charakter bei der Besteigung der höchsten Vulkane der Erde finden – während sie ausbrechen!

Dieser Mensch schreckt vor kaum etwas zurück, und auf seinen Mut und seine Stärke werden viele Loblieder gesungen. Der einzige Nachteil zeigt sich, wenn man erkennt, daß der Feuer-Drache immer in allem recht hat – und davon ist er felsenfest überzeugt. In seinem oder ihrem schlimmsten Zustand kann ein Feuer-Drache überdominant, aggressiv, zu direkt und richtiggehend herrisch sein. Nur Menschen, die entweder genauso tollkühn oder extrem tapfer sind, kommen diesem Individuum irgendwie in die Quere; und auch dann hat der Drache ein gutes Gedächtnis und rechnet gewöhnlich ab, wenn er denkt, jemand habe ihm Unrecht getan.

Wenn Selbstvertrauen der wichtigste Aspekt ist, um vorwärts zu gelangen, sollte der Feuer-Drache immer ganz vorn in der Schlange stehen, denn hier treffen wir auf einen tollkühnen Zug, der ihm sowohl hinsichtlich des Erfolgs als auch des öffentlichen Lobes Probleme bereiten kann.

Für Menschen in den Streitkräften oder mit dem schwarzen Gürtel in Karate ist dies eine gute Kombination!

Erd-Drache

Dies ist wirklich eine sehr entspannte Drachenart, die einen Großteil der Zeit damit verbringt, über die eigene Verbesserung nachzudenken. Wie die meisten ihresgleichen, weiß der Erd-Drache, was er vom Leben will, und hat eine ziemlich gute Vorstellung davon, welchen Weg er nehmen muß. Der Unterschied zwischen diesem und einigen anderen Drachen besteht darin, daß der Erd-Drache mehr Geduld, viel mehr Verständnis für andere und bedeutend mehr Selbstkontrolle besitzt als einige seiner dynamischeren Cousins.

Es wurde – vielleicht mit einiger Berechtigung – unterstellt, das Drache-Individuum habe das potentiell schlimmste Temperament in der Menagerie; ein Aspekt, der durch die Anwesenheit der stabilisierenden Erde in der Grundnatur ebenfalls etwas modifiziert wird. An Zähigkeit mangelt es jedoch nicht, und er hat genausoviel Mut und Stärke wie die aggressivsten der Drachensippe. Obendrein kann er sorgfältig planen und diese Ziele bis zum logischen Schluß durchfechten, was seiner Triebkraft einiges nimmt und eine bessere Chance auf Gesamterfolg verspricht, als es andernfalls der Fall sein mag.

Als Partner ist der Erd-Drache ein guter Gatte und ein nachsichtiger, wenn auch etwas strenger Elternteil. Die Individuen, die mit diesem Element geboren wurden, drücken sich nicht vor Verantwortlichkeiten und spielen auch die Bedürfnisse anderer nicht herunter. Dieses ziemlich langsame Mitglied dieses Klans ist ständig auf der Hut vor potentiellen Schwierigkeiten und kann, wenn nötig, blitzschnell handeln. Der Erd-Drache beschützt nicht nur seine Familie, sondern auch seine Freunde sehr. Es mag viele Bekanntschaften in seinem Leben geben, aber echte Freunde sind hier ausgesucht.

Metall-Schlange

Ein grundlegendes Problem des Schlangen-Wesens liegt darin begründet, daß diese Art von Mensch die besten Absichten hegt, wenn auch nicht immer das dementsprechend nötige Durchhaltevermögen besitzt, um im großen Stil etwas auf die Beine zu stellen. Metall kann hier wirklich helfen, denn es verändert das freundliche und unbeschwerte Wesen der Schlange wenig, gibt jedoch der Persönlichkeit definitiv mehr Biß und führt dazu, daß sie Aufgaben bis zum Schluß durchhält.

Diese Schlange ist eine sehr leidenschaftliche Kreatur, besonders in romantischer Hinsicht, und liefert garantiert die richtige Art von Plauderei und Aufmerksamkeit, die fast jede Art von Beziehung stimuliert.

Die freundliche, sympathische und verständnisvolle Metall-Schlange verfügt über den zusätzlichen Vorteil, daß sie praktische Dinge klären kann. Das macht sie zu der Art von Schlange, die man um sich haben sollte, wenn Ärger in Sicht ist. Dies ist auch ein auf entspannte Art sehr tapferes Individuum, das Gefahr etwa so gegenübertritt wie eine Kobra einem Mungo. Im Falle der Metall-Schlange-Menschen verliert der Gegner jedoch gewöhnlich jeden Wettbewerb im Kräftemessen.

Die Metall-Schlange besitzt ganz offensichtlich wahren Charakter, tiefe Sensibilität und eine gute Portion kreativer Kraft, um das Leben zu führen, das sie sich wünscht. Dies ist eine der wenigen Schlangen mit bemerkenswertem Erfindungsreichtum, die sich gewöhnlich einen erfolgreichen und interessanten Pfad durch das Leben erkämpft – sowohl für sich selbst wie auch für Menschen, die ihr wichtig sind. Vielleicht treffen Sie die Metall-Schlange bei einem Nickerchen im Sonnenschein – aber lassen Sie sich bloß nicht weismachen, sie sei ein faules Geschöpf!

Wasser-Schlange

Dies muß das freundlichste Mitglied des Schlangenklans sein, denn die Wasser-Schlange ist sympathisch, freundlich, entspannt und sehr darauf bedacht, mit allen anderen Tieren der Menagerie gut auszukommen. Diese Eigenschaften mögen auf den ersten Blick sehr positiv wirken, wenn es darum geht, ein glückliches Leben zu führen. Es gibt jedoch Nachteile – auch wenn jene, die mit der Wasser-Schlange zu tun haben, sie stärker wahrnehmen als die Schlange selbst. Man sollte sich zunächst ins Gedächtnis rufen, daß die chinesische Schlange nicht gerade das energiegeladenste Wesen ist. Die Anwesenheit von Wasser könnte den Betreffenden sogar noch langsamer machen, so daß es ziemlich schwierig sein wird, die Wasser-Schlange dazu zu bewegen, irgend etwas zu tun.

Da sie nach Freude und der entsprechenden Umgebung sucht, was für die Wasser-Schlange von höchster Wichtigkeit ist, gibt es ein gewisses Maß an Bewegung. Dies ist eine sehr zuvorkommende Schlange, die immer sein oder ihr Bestes geben will.

Zu diesem Charakterbild gehört ein hoher Grad an Sinnlichkeit und der Drang, Wahlmöglichkeiten jeder Art von allen Seiten zu betrachten, bevor eine Entscheidung getroffen wird. Wenn es aufgrund seiner unbeweglichen Stärke unmöglich ist, den Büffel voranzutreiben, ist es genauso schwierig, die Schlange zu bewegen, wenn auch in diesem Fall deshalb, weil sie das aalglatteste Tier weit und breit ist. Die Wasser-Schlange ist ein gewandter Sprecher und kann sich beim geringsten Anlaß ihren Weg in Ihre oder aus Ihrer Zuneigung erschleichen.

Die Wasser-Schlange vermag sich gut auszudrücken, verfolgt gute Absichten, ist warm und scheinbar ehrlich; aber sie kann auch ein Intrigant, ein Hedonist und ein romantischer Charmeur sein. Welche Eigenschaften Ihnen an einem beliebigen Tag begegnen werden, ist tatsächlich Glückssache und reiner Zufall!

Holz-Schlange

Von einigen unfreundlichen Seelen wurde unterstellt, die Schlange sei ein faules Zeichen, und abgesehen von einer Bombe an der richtigen Stelle könnte die durchschnittliche Schlange wenig dazu bringen, irgend etwas zu tun. Dies ist bei der Holz-Schlange sicherlich nicht der Fall. Diese Variante der Schlange ist genauso entspannt wie jeder ihrer Cousins, still, zurückhaltend und nachdenklich. Der Unterschied liegt in der Fähigkeit, lange und konzentriert nachzusinnen und dann alle Anstrengungen zu unternehmen, die nötig sind, um jedes gewählte Wagnis zu einem Erfolg zu führen. Die Holz-Schlange ist großzügig, warmherzig und verschafft sich, wenn möglich, gern den Überblick über das Leben.

Die Schlange macht sich nicht oft bewußt auf, um die Welt schlechthin oder die Menschen darin zu verändern, wenn dies auch eher der Fall sein kann, wenn in ihrem Wesen Holz präsent ist. Dieser Mensch besitzt etwas von einem Idealisten und folgt oft seiner oder ihrer sehr starken Intuition. Außerdem versucht die Holz-Schlange vielleicht, Sie auf Wege zu lenken, von denen sie glaubt, daß sie auch für Sie die günstigsten sind. Wegen dieser Neigung besteht die Möglichkeit, daß sich der Holz-Schlange-Mensch den Ruf eines Übereifrigen einhandelt, der sich in alles einmischt. Menschen, die diese Anschuldigung vorbringen, sind gut beraten, die instinktiven Reaktionen der Holz-Schlange zu achten, zumal sich diese oft als richtig herausstellen.

Dies ist vielleicht die mitfühlendste Schlange von allen, denn es besteht ein großer Wunsch, die Welt zu einem glücklicheren Ort für alle Betroffenen zu gestalten und insbesondere jene Menschen zu unterstützen, die Mangel leiden oder die besondere Hilfe benötigen. Die Holz-Schlange kann ein wenig eigenwilliger als ihre anderen Verwandten sein und neigt dazu, ihre Meinung offen auszudrücken und zeichnet sich durch ihre Verläßlichkeit aus.

Feuer-Schlange

Man sollte diese Schlange nicht in die Ecke drängen oder ihr auf irgendeine Art in die Quere kommen. Schauen Sie sich an, mit welcher angeborenen Methode der Schlange-Mensch mit Leuten umgeht, die ihn nicht interessieren. Er weigert sich ganz einfach, die Existenz des betreffenden Individuums zur Kenntnis zu nehmen. Die Feuer-Schlange ist empfindlich und neigt dazu, verbal auszuteilen. Alles, was die Schlange äußert, hat sie sich sorgfältig überlegt, daher ist das Resultat wahrscheinlich um so giftiger.

Das ist die »Renn-Schlange«, soweit dies kein zu großer Widerspruch in sich ist. Natürlich kann die Feuer-Schlange schneller zuschlagen als irgendeiner ihrer Cousins und trifft garantiert jedesmal ihr Ziel. Diesen Individuen mangelt es in keiner Weise an dem Charme ihrer Familie, aber es besteht eine höhere Wahrscheinlichkeit, daß sie im Geschäftsleben Erfolg haben, sich beträchtlich aktiverer Beziehungen erfreuen und mehr unter Krankheiten leiden, sofern sie zulassen, daß Spannung die Oberhand gewinnt. Feuer-Schlangen streben sehr danach, vorwärts zu kommen, sie mögen weder Scheinheiligkeit noch Phrasen und tun immer ihr Bestes, um sich deutlich auszudrücken.

Die Feuer-Schlange ist ein geborener Abenteurer, obwohl sie eine Reise in einem Fahrzeug irgendeiner Art wahrscheinlich immer noch einem Gewaltmarsch durch jungfräulichen Urwald vorzieht. Hier finden wir einen natürlichen Drang zu körperlicher Betätigung, aber alle Schlangen sind auf die eine oder andere Art faul, und auch die Feuer-Schlange ist keine absolute Ausnahme.

Wenn es darum geht, andere zu motivieren, ist dieser Charakter unschlagbar. Feuer fördert einen ansteckenden Enthusiasmus, dem kaum jemand entgehen kann. Mit solchem Glauben an sich selbst und der persönlichen Anziehungskraft ist es kein Wunder, daß die Feuer-Schlange Sie im Handumdrehen von fast allem überzeugt – sogar dann, wenn Sie wissen, daß Sie eingewickelt werden!

Erd-Schlange

Diese kann sich als die passivste Schlange der ganzen Gesellschaft herausstellen – man kann sie jedoch auch als das ausgeglichenste und glücklichste Mitglied des Klans bezeichnen. Was die Erd-Schlange wirklich auszeichnet, ist ihre verblüffende und scheinbar unerschöpfliche Geduld. Hier sehen wir einen Menschen, der bereit ist, so lange wie nötig zu warten, bis die Dinge so enden, wie er es wünscht. Auf ihrem Weg kann diese Schlange zahllose Hürden nehmen und löst mit Freuden jede beliebige Anzahl von Problemen, denn für die unerschütterliche Erd-Schlange rechtfertigt der Zweck die Mittel.

Dies ist keineswegs eine widersprüchliche Natur. Vielleicht findet der Beobachter das langsame, stetige und sehr kalkulierte Verhalten, dem er hier begegnet, nicht auf Anhieb interessant – aber er darf wenigstens sicher sein, daß die Erd-Schlange morgen noch dieselbe ist wie heute. Es ist nicht so, daß dies ein irgendwie langweiliger Typ ist. Erd-Schlangen sind sehr kreativ, und man darf erwarten, daß sie welterfahren sind. Sie geben gute Gesellschafter ab und heben das Niveau jeder geselligen Situation.

Die Sorge für andere ist sehr ausgeprägt und zeigt sich in konzentrierter, wenn auch stetiger Aktion zur Linderung der Leiden von Individuen und der Welt im Ganzen. Die Erd-Schlange wurde mit ihrer langsamen Entschlossenheit bekannt dafür, daß sie bemerkenswerten Reichtum anhäuft, von dem schließlich eine Menge für menschenfreundliche Projekte verwendet wird.

Hier haben wir ein Individuum, das es liebt, ein sinnliches Leben zu führen. Gutes Essen und Trinken sind genauso wichtig wie eine luxuriöse Umgebung. Das Selbstvertrauen ist gewöhnlich stark, was auch für das Ego gilt. Selbstverständlich kann man diesen Menschen nicht einfach zwingen, irgend etwas zu tun, das ihm gegen den Strich geht. Er hat tendenziell entweder sehr hohe moralische Standards oder praktisch gar keine.

Metall-Pferd

Das Pferd steht im allgemeinen nicht da und fragt sich, was es als nächstes machen könnte. Tatsächlich wurde schon behauptet, dies sei ein rein intuitives Geschöpf und überhaupt kein Denker. Damit könnte man etwas über das Ziel hinaus schießen, denn trotz der spontanen Aktionen und der Blitzgeschwindigkeit des Pferdes ist sein Intellekt gewöhnlich sehr ausgeprägt. Im Falle des Metall-Pferdes finden wir hier eine Selbstdisziplin, die aus dem Wunsch geboren wird, der Welt ein unnachgiebiges und beständiges Gesicht zu zeigen.

Das Metall-Pferd ist genauso freundlich, lustig und fast so kokett wie jedes andere Pferd der Herde, aber es ist auch leidenschaftlicher, kann Dinge besser durchdenken und zeigt stärkere Entschlossenheit als fast jeder andere Pferde-Typus. Dieses Pferd schreckt vor einer Herausforderung nicht zurück, und sein Mut ist nicht nur von intellektueller Art, sondern ebenso präsent auf körperlicher Ebene. Das Metall-Pferd ist leidenschaftlich, nicht zuletzt in Beziehungen, obwohl diese Tatsache ihn oder sie in dieser Hinsicht kein bißchen verläßlicher macht. Die Worte der Liebe entstammen guter Absicht, und die Emotionen sind tief – das einzige Problem besteht darin, daß die Quelle jederzeit versiegen kann.

Das Metall-Pferd neigt wahrscheinlich noch stärker als jeder andere Pferd-Typus dazu, die Kerze an beiden Enden anzustecken, und braucht sehr viel Zeit für Ruhe und Erholung. Liebe und Freundschaft sind besonders wichtig und helfen, das Wesen stabil und in vernünftigen Bahnen zu halten. Wo die geistige Haltung stimmt, folgen gute Gesundheit und mehr Ausdauer wahrscheinlich nach. Das Selbstvertrauen erscheint hier größer, als es tatsächlich ist – Prahlerei ist im Leben von Pferd-Geborenen allerdings ein wichtiger Faktor, den sie alle in größerem oder kleinerem Ausmaß zur Schau stellen.

Wasser-Pferd

Hier begegnen wir einem Pferd, das sich, – wie alle aus seinem Klan – wahrscheinlich ohne nachzudenken, in fast jede Situation stürzt. Beim Wasser-Pferd liegt das Problem darin, daß es nicht immer weiß, wie es eine Situation kontrollieren soll, wenn sie einmal eingeleitet wurde. Man müßte sicher lange suchen, um ein diplomatischeres oder bezaubernderes Pferd als dieses zu finden, wenn es auch nicht der ruhige und nachdenkliche Diplomat ist, der eher zuhört und sich kaum einmischt. Das Wasser-Pferd wird dem, was Sie zu sagen haben, Beachtung schenken und oft die Lage der Dinge zusammenfassen, während Sie noch sprechen. Er oder sie entscheidet dann, wie alle Beteiligten am besten damit umgehen, und verschwindet in Richtung des Sonnenuntergangs, ohne sich groß zu verabschieden.

Das Wasser-Pferd besitzt alles Nötige, um eine Fülle von Schwierigkeiten zu klären. Dies funktioniert für die Welt allgemein gut, und die einzige echte Enttäuschung tritt auf, wenn es um das Wasser-Pferd selbst geht. So neigt dieses Individuum dazu, sich in fordernde Beziehungen zu verstricken. Wenn es sich aus einer solchen Situation zurückziehen würde, wäre das für die betreffende Person schmerzhaft – und das ist das Problem.

Das Wasser-Pferd vermag es einfach nicht, jemanden mit Absicht zu verärgern, sondern bringt möglicherweise am Ende fast jeden gegen sich auf, ohne es zu beabsichtigen.

Es gibt jedoch immer einen Ausgleich, und hier begegnen wir so viel Freundlichkeit, daß man sich nur sehr schwer vorstellen kann, daß jemand diesem Typus grollt. Solche Probleme sind im Leben des durchschnittlichen Wasser-Pferdes Legion – obwohl dieser Mensch nicht naiv ist, weit gefehlt! Wenn man sein Temperament nuancieren will, muß man es mit Schnelligkeit und Wortgewandtheit beschreiben. Körperliche Probleme könnten mental begründet sein, und gewöhnlich mischt sich ein gewisser Grad von Hypochondrie bei. Distanz ist eine wichtige Fähigkeit, die kultiviert werden sollte.

Holz-Pferd

Das Holz-Pferd ist als eines der besten Mitglieder der Herde im umfassenden Sinne ein wahrer Schatz. Einer der Hauptkritikpunkte an den chinesischen Pferd-Typen ist ihre Tendenz, ziemlich kalt zu sein, wenn es um tiefere Emotionen geht, oder jedenfalls unfähig, sich länger als fünf Minuten am Stück auf eine emotionale Verpflichtung zu konzentrieren. Dies trifft auf das Holz-Pferd, das eine wärmere und wahrhaft beständigere Haltung als andere Mitglieder der Sippe hat, nicht ganz zu. Diese Haltung fördert im Falle tieferer emotionaler Bindungen eine langanhaltende Beziehung und kann darauf hindeuten, daß der Partner eines Holz-Pferdes wenigstens weiß, wo sein launischer Gatte oder seine Gattin zu irgendeinem gegebenen Zeitpunkt zu finden sein wird.

Das allgemeine Interesse am Leben ist beim Holz-Pferd genauso ausgeprägt wie bei jedem anderen Mitglied des Pferd-Klans, also dürften Sie feststellen, daß Sie hier für neue Projekte oder jede Idee mit einigem Enthusiasmus rechnen können. Selbstverständlich mangelt es nicht an Entschiedenheit, das Leben am Genick zu packen, wenn es nötig ist. Beim Holz-Pferd ist der ethische Bereich tendenziell besser ausgeprägt als bei anderen Pferden, und wahrscheinlich betrachtet es die Dinge auch bereitwilliger von der anderen Seite des Zauns.

Dies ist ein besonders einflußreiches Pferd, was problematisch sein könnte – wenn da nicht die Tatsache wäre, daß das Holz-Pferd ausreichend Sinn fürs Praktische und Integrität besitzt, um sicherzustellen, daß es Sie in jedem Fall auf einen vernünftigen Weg schubst.

Wie alle Pferde neigt dieses Individuum zu Nervosität und braucht gelegentlich eine sensible Hand, damit keine Probleme entstehen. Brust- und Rachenerkrankungen der einen oder anderen Art scheinen das bei allen Pferd-Menschen am meisten verbreitete Leiden zu sein, und jeder unnötige Streß nimmt im allgemeinen den Weg in diesen Bereich der Konstitution.

Feuer-Pferd

Dies ist der Anführer der Herde, das Alpha-Weibchen oder der prächtige Hengst – durchaus in der Lage, es mit allen potentiellen Gegnern aufzunehmen, und nur zu bereit, mit fast jedem anderen chinesischen Tier-Typus intellektuell die Klinge zu kreuzen. Hier haben wir Leidenschaft, Abenteuer und Energie in solchen Mengen, daß es weniger progressiven Typen schon beim Zuschauen schaudert.

Obwohl es ein guter Freund ist, der ängstlich darauf bedacht ist, zu gefallen und viel gibt, gehört Loyalität nicht zur eigentlichen Essenz des Feuer-Pferd-Wesens. Das mag wie ein Paradox erscheinen, wenn man das Feuer-Pferd kämpfen sieht, was er oder sie ziemlich gut beherrscht. Aber das Feuer-Pferd hält immer nach neuen Weidegründen Ausschau. Vergessen Sie nicht, daß das Pferd auf jeden Fall zum Herumtreiben neigt. Die Präsenz von Feuer vergrößert nur den Wunsch, hinter den nächsten Horizont zu schauen. Solange Sie bereit sind, neben ihm zu laufen, ist alles in Ordnung. Nur, wenn Sie nicht mehr mitkommen oder aufgrund des ständigen Bedürfnisses nach neuen Anregungen etwas Langeweile zeigen, läßt es Sie zurück.

Beim Feuer-Pferd finden wir echte Freundlichkeit gepaart mit dem Wunsch, bei allen Gelegenheiten das Richtige zu tun. Mit einem scharfen Intellekt und einem Nervensystem, das weit entfernt davon ist, unzerstörbar zu sein, erwartet das Feuer-Pferd jedoch viel zuviel von sich selbst und ist bekannt dafür, daß es aus reiner Erschöpfung zusammenbricht. Aufgrund dessen kann es geschehen, daß es die schönsten Pläne ändern muß, und wenn es wirklich heiß wird, sieht das Feuer-Pferd auf jeden Fall Rückzug als die beste Form der Verteidigung.

Seien Sie gewarnt – es mag Ihnen gelingen, ein Seil um den Hals dieses unruhigen Geistes zu legen, doch Sie werden auch Stärke, Entschlossenheit und Ausdauer brauchen, um dranzubleiben. Die Freiheit dieses Individuums muß man akzeptieren.

Erd-Pferd

Das beständigste und möglicherweise zugänglichste der Pferd-Familie, das Erd-Pferd, ist glücklich, wenn es am Rande der Herde steht und Gras kaut. Nicht, daß wir hier jemanden haben, der schwerfällig ist – wenn es hart auf hart geht, kann dieses schnellfüßige Individuum über bemerkenswerte Zeiträume ein Leben hoher Aktivität durchhalten. Gewöhnlich zieht es sich jedoch gelegentlich zurück und wünscht sich Einfachheit.

Nehmen Sie beispielsweise die Aussicht auf einen Auslandsurlaub. Alle Pferde lieben Reisen, und das Erd-Pferd ist keine Ausnahme. Die Neugier der Pferde plus ein lebendiger Geist führen dazu, daß Ihr Erd-Pferd Sie über jede alte Ruine und jedes malerische Kliff klettern läßt, das es entdecken kann. Es besteht eine viel geringere Wahrscheinlichkeit, mit diesem Charakter am Ende des Tages wie verrückt bis zur Dämmerung zu tanzen, als es bei anderen Mitgliedern der Herde der Fall wäre. Vielleicht singt Ihr Erd-Pferd Ihnen ein schönes Ferienlied oder schreibt ein Gedicht zu Ehren des Sonnenuntergangs, aber es interessiert sich viel mehr für die eigene Verbesserung als für Selbstzerstörung. Da eine angeborene Neigung zu einer etwas beständigeren Existenz besteht, ist das Erd-Pferd gewöhnlich im geistigen Sinne stärker, und es ist weitaus wahrscheinlicher, daß es die Zeit findet, den Standpunkt des anderen zu sehen.

Der einzige Nachteil könnte darin bestehen, daß dieser Charakter eine Fundgrube der Informationen ist und Ihnen gelegentlich ernsthafte Ohrenschmerzen verursachen könnte – es sei denn, Sie können entweder den Fluß der Worte bewundern oder einfach hin und wieder abschalten. Das Erd-Pferd hält einfach die Ohren offen, und alle Informationen sind Wasser auf die Mühle – auch, wenn es Sie persönlich nicht so furchtbar interessiert.

Es ist unwahrscheinlich, daß Sie einen freundlicheren und aufmerksameren Geliebten, einen verständnisvolleren Elternteil oder einen besseren Freund finden, denn dies ist ein wirklich sanfter Gefährte!

Metall-Ziege

Es ist keinesfalls leicht, die Ziege zu verstehen, und die Veränderungen, die bei der Ziege mit den verschiedenen Elementen der chinesischen Astrologie zusammenhängen, wirken tendenziell auf subtile Art auf dieses rätselhafteste aller Zeichen. Die Verbindung mit Metall steigert bei der Ziege ihre Überheblichkeit. Sie mag kreativ, leidenschaftlich, kompliziert und mysteriös sein, aber Sie werden den Eindruck haben, daß sie immer ihre bevorzugte Richtung einschlägt. Dazu gesellt sich ein gewisses Eigeninteresse, das als Selbstsucht mißverstanden werden könnte.

Bedenken Sie jedoch, daß alle Ziegen im Grunde freundliche Menschen sind, auch wenn man nicht immer herausfinden kann, wo die Saat ihrer Hilfsbereitschaft entspringt. Die Metall-Ziege stellt keine Ausnahme dar. Sie müssen mit Sicherheit weit gehen, um ein leidenschaftlicheres Individuum als dieses zu finden. Hier begegnen Sie einer Intensität, die sich auf jeden bevorzugten Bereich des Lebens erstrecken kann. In der Liebe ist die Metall-Ziege beständig und loyal und nur zu bereit, jedes Opfer zu bringen, das nötig sein mag. Sie kann immer eine glückliche, bequeme Umgebung für ihre Familie schaffen, die sie über alles liebt.

Was die Gesundheit betrifft, so ist die Metall-Ziege tendenziell ziemlich abgehärtet, und obwohl sie von der Statur her nicht immer robust ist, kann sie lange und schwer arbeiten, ohne wirklich irgendwie physisch zu leiden. Der Magen wird allerdings ein Bereich sein, auf den man achten sollte. Wenn sie auf lange Sicht kein friedliches und beständiges Leben führt, kann übertriebene Sorge zu Verdauungsstörungen und sogar Magengeschwüren führen. Routine ist im Leben der Metall-Ziege wichtig, aber das Glück beruht hier auf der Möglichkeit echten finanziellen Gewinns und wahrer Unabhängigkeit.

Wasser-Ziege

Wasser könnte durchaus das bevorzugte Element der Ziege sein – zumindest mag sich herausstellen, daß dies das ausgeglichenste Mitglied des Klans ist. Wasser verbindet Diplomatie, Takt und Ehrlichkeit und zeichnet die reichen Gaben der Ziege aus, von denen die meisten in jedem Fall bei allen Modellen zum Standard gehören. Die Wasser-Ziege hat ausnahmslos große Augen mit einem Ausdruck »wie aus einer anderen Welt«, welcher enorm attraktiv ist, wenn er auch gefestigten Menschen irgendwie rätselhaft erscheint.

Es mag nicht direkt einfach sein, die Wasser-Ziege kennenzulernen, und schon viele wunderten sich über die Tiefe der Emotion, die ständig hinter diesem versonnenen Blick zu liegen scheint. Wenn Sie sich jedoch einmal Einlaß in das innere Heiligtum erworben haben, verfügen Sie über einen Freund fürs Leben, der keine Grenzen kennt, wenn es um Loyalität geht.

Dies ist ein kultivierter Typ, der glücklich ist, wenn er durch eine Kunstgalerie wandern oder gute Literatur lesen kann. Obwohl die Ziege von Natur aus penibel ist, schafft sie spielend viele Arten von Arbeit, wenn es sich als notwendig erweist. Das meiste, was die Wasser-Ziege unternimmt, verfolgt sie ruhig und mit gewissenhafter Entschlossenheit, um die sie viele geselligere Zeichen beneiden würden. Mit einer leicht extravaganten Neigung besitzt die Wasser-Ziege eine entschiedene Vorliebe für die feineren Dinge des Lebens und arbeitet lange und hart, um sowohl für sich selbst als auch für ihre Liebsten eine gemütliche Existenz aufzubauen.

Dieses Zeichen hat mit diesem Element mehr als seinen gerechten Anteil am materiellen Erfolg, obwohl viele im emotionalen Sinn nicht ganz so gesegnet sein mögen, da die Wasser-Ziege dazu neigt, in Liebesdingen reichlich blind zu sein und als Folge später vielleicht leidet. Dank Geduld und Entschlossenheit folgt das Glück schließlich unweigerlich nach.

Holz-Ziege

Die Holz-Ziege macht die natürliche Sensibilität, die das Zeichen von Natur aus besitzt, zu einer Kunstform. Dies wird eine der stillsten Ziegen sein, ein unaufdringliches Individuum, das es tatsächlich schafft, durch die Wasser des Lebens zu gleiten, ohne auch nur die Oberfläche zu kräuseln. Dieses Potential kann wie jede Eigenschaft auf positive oder negative Art genutzt werden. Auf der einen Seite kann die Holz-Ziege still und vertrauensvoll sein, trifft Entscheidungen bezüglich ihres eigenen Lebens und das anderer Leute, berät, wenn sie gefragt wird, und zeigt enorme Weisheit. Umgekehrt kann dieses Individuum nervös und engstirnig sein, bis zu dem Punkt, an dem die wesentliche Berührung mit dem Rest der Menschheit etwas verlorengeht und eine einsiedlerähnliche Existenz vorherrscht.

Soweit es die Ziege betrifft, mangelt es ihr nicht an Kooperation, und zu Hause kann die Holz-Ziege ganz genauso gewinnsüchtig sein und nach materiellem Gewinn streben wie jedes Mitglied des Klans.

Im gesellschaftlichen Bereich übt sie stille Zurückhaltung, obwohl diese Ziege hinter verschlossenen Türen und in einer persönlichen Beziehung richtig in Schwung kommt. Die Holz-Ziege ist in sexueller Hinsicht überraschend hemmungslos und wünscht sich vielleicht nichts mehr, als in diesen Dingen tonangebend zu sein. Zusätzlich haben wir hier alle Komponenten für materiellen Erfolg – gepaart mit dem Wunsch, im Leben vorwärtszukommen, der in manchen Fällen wirklich atemberaubend ist. Langsam und stetig erarbeitet sich dieses Individuum eine Machtposition. Wenn man das süße Äußere und die unauffällige Art des Individuums unter den meisten Umständen bedenkt, kann diese Erkenntnis ein Schock sein.

Alles in allem könnte sich die Holz-Ziege als die rätselhafteste und überraschendste aller Ziegen herausstellen!

Feuer-Ziege

Wenn Sie echte Leidenschaft sehen möchten, die in den Tiefen eines allgemein zurückhaltenden Wesens glimmt und dann plötzlich mit der Kraft eines ausbrechenden Vulkans hell auflodert – schauen Sie nicht weiter als bis zur Feuer-Ziege. Selten wird man in der chinesischen Astrologie derart von der Kluft zwischen äußerem Schein und innerem Sein überrascht wie hier.

Alle Ziegen lieben es zu reisen, obwohl die Mehrheit glücklich ist, wenn sie ihren Intellekt auf einer kulturellen Expedition erweitern oder ansonsten an einem wunderschönen Strand Sonne tanken kann. Im Falle der Feuer-Ziege beobachten Sie sie wohl eher dabei, wie sie durch die Stromschnellen irgendeines tobenden Flusses dahinschießt oder einen Pfad durch unbekannte Territorien erkämpft. Dieses Wesen ist ein Abenteurer, entzückt vom Unbekannten mit möglichen Ausflügen ins definitiv Gefährliche.

Die Feuer-Ziege besitzt eine Entschlossenheit, die keine Grenzen kennt, was den gelegentlichen Beobachter wahrscheinlich verwirrt, wenn er mit dem gleichen schüchternen, zurückhaltenden Äußeren konfrontiert wird, das die ganze Herde zu kennzeichnen scheint.

Die Feuer-Ziege ist eine sexuelle Zeitbombe, ein Draufgänger in Verkleidung, und gelegentlich sogar ein Wolf im Ziegenfell. Dieses Individuum ist immer bereit loszulegen und holt garantiert das Maximum aus jeder Situation heraus. Im Geschäftsleben kann dieser Mensch extrem erfolgreich sein, wobei er eine Kombination aus Geduld, harter Arbeit, wahrhaftem Glück und echtem Know-how einsetzt. Es ist sicher keine Person, die man übersieht oder unterschätzt, und der Möchtegern-Gegner sollte sich bewußt sein, daß es wahrscheinlich keinen wehrhafteren Widersacher als diesen gewöhnlich freundlichen und sogar schüchternen Typus gibt. Es mag einfach an den entwaffnenden Widersprüchen liegen, daß die Feuer-Ziege am Ende unweigerlich gewinnt.

Erd-Ziege

Bei der Erd-Ziege finden wir deutlich sichtbar Geduld in rauhen Mengen, und es ist eines der stilleren Mitglieder der Familie. Obwohl sie nicht sonderlich dominant oder fordernd wirkt, erzielt die Erd-Ziege im Leben wahrscheinlich immer noch eine Reihe von Erfolgen – durch harte Arbeit, Geduld, das allgemeine Glück, dessen sich Ziegen erfreuen, und stille Entschlossenheit. Diese Ziege besitzt einen starken Sinn für Kultur, und man findet sie oft bei der Besichtigung der schönen Künste oder über den Plänen für eine Veredelung des Dekors ihres Heims. Die Erd-Ziege ist nicht übertrieben materialistisch, aber sicherlich ziemlich scharfsichtig. Warum sollte man sein Haus mit billigen Möbeln füllen, wenn ein wirklich schönes Stück aus allem heraussticht? Diese Mentalität findet man dort, wo Erde auf die Ziege trifft, und sie durchdringt fast jeden Aspekt des Lebens.

Die Gegenwart von Erde trägt wenig dazu bei, die Unsicherheit zu verringern, die dieses Zeichen begleitet, und die Erd-Ziege wird hiervon geprägt sein. Ein wirklich sicheres häusliches Leben ist sehr wichtig, verbunden mit einer stabilen und befriedigenden Beziehung mit jemandem, der es versteht, dieser allgemein ermüdenden Angelegenheit das Beste abzuringen. Im Gegenzug liebt die Erd-Ziege leidenschaftlich und ausdauernd. Das frühe Leben der Erd-Ziege, die im allgemeinen glücklicher ist, wenn sie das Erwachsenenalter erreicht hat, kann ziemlich verwirrend sein.

Die Gesundheit ist gewöhnlich gut, obwohl anhaltende Sorgen die Ressourcen erschöpfen und zu Magenproblemen führen können. Die allesfressende Ziege erfreut sich am Essen, also könnte der Preis dafür ein wenig zusätzliches Gewicht sein. Zuviel Bequemlichkeit wird noch zu dem Problem beitragen, und das ist definitiv eine Zeichen-Element-Kombination, die mit viel Bewegung und einer vernünftigen Routine besser zurechtkommt. Es ist von Vorteil, wenn man diese Ziege kennt, und sie ist gelegentlich ein überraschendes Individuum.

Metall-Affe

Dies ist nicht die Art Affe, die damit zufrieden ist, hoch oben in den Baumkronen zu sitzen und Kokosnüsse auf Vorübergehende zu werfen. Wenn das Metall-Element auf den egozentrischen und übertrieben selbstsicheren Affen trifft, wird echte Zurückhaltung unmöglich, und daher könnte dies das dynamischste Mitglied der Truppe sein. Metall-Affen sind immer in Bewegung, lieben es, im Zentrum der Aufmerksamkeit zu stehen, und werden bei ihrer Suche nach einer Form von persönlichem Glück, das ihnen immer irgendwie auszuweichen scheint, keinen Stein auf dem anderen lassen. Warum? Wahrscheinlich, weil die Zukunft immer zurückweicht wie der Horizont vor dem Spaziergänger. Auf jeden Fall ist für den Metall-Affen eigentlich nicht das letztendliche Ziel wichtig, sondern mehr die Reise selbst.

Dies ist ein interessantes Individuum: Es ist reizbar und nervös und verbreitet doch ein Selbstvertrauen, das Unvorsichtige verführen könnte zu glauben, dieser Mensch wüßte wirklich, was er tut. In den meisten Situationen weiß er oder sie das auch, obwohl der Metall-Affe hin und wieder nichts gegen einen kleinen Bluff hat – besonders, wenn dies andere dazu bringt, ihm zur Hand zu gehen. Die Pläne sind grandios, gewöhnlich jedoch umsetzbar, und er zeigt anderen gegenüber eine manchmal überhebliche, wenn auch im Grunde edelmütige Haltung. In der Liebe ist der Metall-Affe aufmerksam, leidenschaftlich und gibt viel, wenn er auch fordert – nicht zuletzt das Versprechen der Treue, das der Affe gewöhnlich selbst anbietet.

Die Konstitution ist ziemlich robust, wenn auch sicher nicht unzerstörbar, und der Metall-Affe könnte zuviel von sich verlangen, besonders in Zeiten extremen Stresses. Erholung wäre wesentlich, tritt jedoch nicht oft in Erscheinung. Der Metall-Affe braucht gute Freunde und ein aktives soziales Leben, um seine positive Mischung von Fähigkeiten voll zu nutzen, und dieser Typus ist in keiner Weise glücklich, wenn er das nicht tun kann.

Wasser-Affe

Eine der Beschuldigungen gegenüber dem Affen lautet, daß er dazu neigt, auf seinem Weg durchs Leben zu trotten und oft keinen echten Gedanken daran zu verschwenden, welchen Einfluß seine Handlungen auf das Leben der Menschen in seiner Umgebung haben. Man muß gerechterweise zugeben, daß der Affe ein starkes Ego hat. Im Falle des Wasser-Affen, der diplomatischer ist und anderen wenigstens den Eindruck vermitteln kann, daß er bereit ist, sich einen anderen Standpunkt anzuhören, trifft dies nicht ganz zu.

Wie alle aus seiner Familie ist der Wasser-Affe glücklich, wenn er andere Menschen unterstützen kann, und in diesem Fall findet man ihn oft in einer Karriere, die auf soziale Bedürfnisse ausgerichtet ist.

Wasser-Affen können extrem großzügig sein, werden sich immer für andere einsetzen und sind bekannt für große Tapferkeit, wenn es die Umstände erfordern. Obwohl Wasser tendenziell ein weiches Wesen fördert, kann es eine gute Ergänzung zum Affen sein und fördert gewöhnlich eine sehr attraktive und beliebte Art von Individuum.

Affen werden bezichtigt, gelegentlich trügerisch zu sein – ein weiteres Merkmal, das in diesem Fall etwas gemildert werden kann. Trotz allem neigt der Wasser-Affe leicht dazu, sich mit einer Mischung aus entwaffnender Ehrlichkeit und Schachzügen hinter den Kulissen um seine Angelegenheiten zu kümmern. In diesem Fall ist ein vernünftiger Lebensstil erforderlich und kann gewöhnlich auch etabliert werden, was bedeutet, daß der Wasser-Affe im späteren Leben weniger unter den Verwüstungen schlechter Gesundheit leidet.

Hier begegnen wir einem Menschen, dem es wahrscheinlich niemals an guten und treuen Freunden mangelt, und der für alles, was er bekommt, weit mehr zurückgibt. Dies könnte der emotionalste aller Affen sein.

Holz-Affe

Eines der stärksten Merkmale, dessen sich der Affe-Mensch im Ganzen erfreut, ist ein profundes Gedächtnis. Im Falle des zuverlässigen Holz-Affen, der sich zudem durch einen mehr als angemessenen Anteil an Vielseitigkeit auszeichnet, ist das Erinnerungsvermögen besonders ausgeprägt. Als großer Modeliebhaber neigt der Holz-Affe, männlich oder weiblich, dazu, sich herauszuputzen, wenn er in den Augen der Öffentlichkeit steht, und wird sehr bemüht sein, die neueste Kleidung zu kaufen.

Anders als viele andere Mitglieder der Truppe kann man Holz-Affen an eine Art von Routine binden, und sie sind verläßliche und gewissenhafte Arbeiter. Es ist nicht so, daß der Holz-Affe tendenziell länger als absolut nötig am Boden des Rudels bleibt, denn bei ihm finden wir eine Mischung aus harter Arbeit und Intelligenz, die gewöhnlich im entsprechend frühen Alter zum Erfolg führt.

Es wäre schwierig, eine Lebensrolle für den Holz-Affen zu definieren. In diesem Fall ist Flexibilität der zweite Vorname sowohl vom Affe-Mann wie auch von der Affe-Frau. Dies ist jedoch eine Zeichen-Element-Kombination, die es liebt, zu Diensten zu sein und dazu neigt, auf die eine oder andere Art vor die Augen der Öffentlichkeit zu treten. Es verbinden sich starke soziale Neigung mit guter Urteilskraft, hinzu gesellt sich ein bedeutendes Maß an Intuition, worüber andere Affen weit weniger verfügen. Seien Sie jedoch achtsam, der Holz-Affe kann manchmal ein wenig sensibler sein, als gut für ihn ist, und ist bekannt dafür, gelegentlich leicht reizbar zu sein.

Wie der Rest seiner Art kümmert sich der Holz-Affe nicht um Beschränkungen, wenn man ihn auch dazu überreden kann, ein in vernünftiger Weise normales Leben zu führen, solange die Möglichkeit zu Reisen und Veränderung besteht. Dies ist fast mit Sicherheit der körperlich robusteste Affe in der Runde.

Feuer-Affe

Wenn Sie für sich einen Affen finden möchten, der mehr oder weniger sicher im Leben vorwärtskommt und dies wahrscheinlich in sehr frühem Alter besiegelt, könnte der Feuer-Affe der Mann oder die Frau sein, die Sie suchen. Zusätzlich zu den vielen unterschiedlichen Qualitäten, derer sich Affe-Menschen allgemein erfreuen, haben wir hier noch eine größere Charakterstärke, eine äußerst betonte Sinnlichkeit und das zusätzliche Dynamit, das nötig ist, um Pläne und Vorhaben forciert durchzusetzen, was der Affe auf jeden Fall sehr gut beherrscht.

Der Feuer-Affe ist schwer zu greifen – tatsächlich werden Sie in der Regel rennen müssen, um mit diesem Energiebündel auch nur Schritt zu halten. Sie sind ziemlich oft Fitneß-Freaks, wenngleich dies auch keine Herzprobleme oder -schläge verhindert, sofern diese Art Mensch sich weigert, im mittleren Alter ein wenig herunterzuschalten. Tatsächlich könnte hier ein Hauptproblem liegen, mit dem der Feuer-Affe zu kämpfen hat.

Kein Mitglied dieses Unterklans ist versessen darauf, etwas zu delegieren, und das bedeutet oft sehr wenig echte Erholung. Der durchschnittliche Feuer-Affe ist tatsächlich besser beraten, wenn er oder sie nur einige Minuten täglich für Meditation und das Sammeln der Gedanken reserviert.

Als Liebhaber ist der Feuer-Affe loyal und zuverlässig, wenn auch vielleicht nicht so aufmerksam wie manche andere – hauptsächlich deshalb, weil sein Leben so voll ist, daß er wenig oder keine Zeit für Nettigkeiten hat.

Das Ego ist in seinem Fall sehr ausgeprägt, und er läßt sich keineswegs zu etwas zwingen, was ihm gegen den Strich geht.

Manchmal ist der Feuer-Affe einfach ein wenig zu entschlossen und zu energisch, als für ihn gut ist, und es bedarf eines starken Partners, um ihm standzuhalten.

Erd-Affe

Die meisten Affe-Menschen könnte man als »Denker« bezeichnen, wenn auch niemanden mehr als den noch ernsthafteren und kontemplativeren Erd-Affen. Dies ist in vieler Hinsicht eine stabile und nützliche Kombination, da das Erd-Element viel dazu beiträgt, die Hitze aus einem Zeichen zu nehmen, das zur Überforderung neigt. Erde gewährt mehr Raum für den Einfluß von Denkprozessen, und daraus folgen weniger impulsive Reaktionen.

Der Erd-Affe weiß ebenso genau wie alle seine Verwandten, was er vom Leben will; der einzige Unterschied liegt in der Tatsache, daß der Erd-Affe auch weiß, warum.

Der Erd-Affe, der allgemein ein besonnener Typ ist, kann sich in fast jeder Art von Zusammenkunft zu Hause fühlen, obwohl er Ungerechtigkeit oder Täuschung nicht freundlich aufnimmt und zäh kämpft, um beides auszurotten. Erd-Affen sind freundlich zu ihren Lieben und Freunden, denen gegenüber sie enorme Loyalität zeigen und helfen möchten, wo immer möglich.

Dieses Individuum, das die gewünschten Ziele mit höherer Wahrscheinlichkeit als viele Affen durch langsame und stetige Mittel erreicht, nimmt sich unterwegs die Zeit, stehenzubleiben und die Blumen wachsen zu sehen. Großzügigkeit des Geistes macht den Erd-Affen zu einem Naturtalent in bezug auf wohltätige Unternehmen, und er entwickelt oft eine bemerkenswerte Energie, um die Menschheit auf einen Weg zu führen, der für andere oft schwerer zu gehen ist als für ihn selbst.

Die meisten Menschen haben dieses Individuum mit Selbstvertrauen und Ehrgeiz gerne um sich; es bereichert jede Party, und man kann sich darauf verlassen, daß er sein kraftvolles Ego unter Kontrolle hält. In der Gestalt dieses überaus liebenswerten Wesens treffen Liebe und Verständnis auf Entschlossenheit und Erfolg.

Metall-Hahn

Hähne verfügen über ein freundliches Herz und ein grundsätzlich versöhnliches Wesen, neigen jedoch dazu, ziemlich schwer
von Begriff zu sein, und es ist diese weniger akzeptable Seite des
Hahns, die durch das Metall-Element etwas gemildert wird.
Hähne sind langwierige Denker, obwohl viele von ihnen nur
mit großem Bedacht handeln, agiert der Metall-Hahn höchstwahrscheinlich mit etwas weniger Gewissensprüfung und Vorsicht.

Hähne werden in einer Beziehung oder in sexueller Hinsicht
nur langsam warm, obwohl sie dazu neigen, sehr leidenschaftlich zu sein, wenn die Hemmungen einmal endgültig fallenge-
lassen wurden. Der Metall-Hahn entspricht diesem Bild, wenn
auch von Anfang an direkter. Er zeigt eine größere Palette von
Möglichkeiten, die von der Wärme seiner Persönlichkeit durch-
drungen wird. Aus diesem Grund findet man zu ihm leichter
Zugang, und wenn man seine Sympathie errungen hat, belohnt
er mit lebenslanger Freundschaft.

Obwohl er im allgemeinen kein kränklicher Typ ist, kann
der Metall-Hahn unter einer Menge nervöser Energie leiden,
und das macht ihn anfällig für alle Arten hypochondrischer Beschwerden wie auch einige wenige körperlichen Ursprungs, besonders in Verbindung mit dem Atmungssystem und eventuell
den Nieren. Erfüllung in Karriere wie auch im persönlichen
Leben können jedoch viel dazu beitragen, daß der Metall-Hahn
glücklich und fit bleibt, obwohl man hier auch eine tiefe Abneigung gegen Einengung findet. Nichtsdestotrotz kann der
Metall-Hahn leicht die schwierigsten Aufgaben übernehmen
und eine ermüdende Struktur endlose Wochen oder Monate
aufrechterhalten. Hier stößt man mit Sicherheit auf Geduld, gelegentlich auch auf ein wenig Hektik.

Wasser-Hahn

Der Hahn ist ein anspruchsvolles Geschöpf, das sein eigenes Los im Leben stets zu verbessern sucht, aber auch bereit ist, unterwegs seine Freunde und Verwandte zu unterstützen. Der Wasser-Hahn hilft mit höherer Wahrscheinlichkeit als irgendein anderer Hahn und erfreut sich offenbar einer Art von Diplomatie, die der übrigen Hahn-Familie unbekannt ist. Dies kann den Wasser-Hahn angenehmer im Umgang machen und betont die akzeptablen Qualitäten eines Zeichens, das nicht zu denen gehört, die am leichtesten zu verstehen sind.

Hier haben wir einen freundlichen alten Vogel, der mit viel geringerer Wahrscheinlichkeit als einige seiner Verwandten seine eigenen Loblieder kräht. Trotz alledem ist der Wasser-Hahn darauf erpicht, seinen Erfolg zu sichern. Sowohl der männliche als auch der weibliche Wasser-Hahn sind in der Lage, für sich selbst einen Platz im Leben aufzubauen und bereit, ihrer Familie auszuhelfen. Dieser Mensch ist ziemlich flexibel, nicht ganz so übereifrig wie andere Hähne und wird ein bequemes Heim aufbauen, in dem sich andere sehr wohl fühlen.

Wie die ganze Sippe strapaziert der Wasser-Hahn seine Nerven. Lange Ruheperioden sind wichtig, wie auch die Möglichkeit zu reisen – wenn das auch manchmal gegen die primären Instinkte dieses Wesens geht, das sein Heim liebt. Jede Härte seiner Einstellungen wird vom Ansturm des Wassers auf das Wesen weggewaschen, und das bedeutet, daß der Wasser-Hahn mit einer Welt, die seinen eigenen Standards nicht immer entspricht, gut zurechtkommt. Es ist in erster Linie diese Tatsache, die diesen verständnisvollen Hahn von anderen Bewohnern des Hühnerhofes unterscheidet.

Hier finden wir eine große Fähigkeit, sich auf den zu erledigenden Job zu konzentrieren, die Aktionen scheinen weniger nervös und durchdachter als im Falle anderer Hähne zu sein. Dies ist ein Mensch mit Wärme und ausgesprochen natürlichem Charme.

Holz-Hahn

Was Element- und Zeichen-Kombinationen betrifft, so gibt es in der chinesischen Astrologie keinen Standard, und doch erkennt man manchmal instinktiv eine Kombination, die der Vorlage mehr zu entsprechen scheint als irgendeine andere. Beim Holz-Hahn, der so naturgetreu ist, wie es eine Variante des Hahns nur sein kann, ist dies der Fall.

Der Holz-Hahn ist elegant und möchte immer eine gute Figur machen, auch wenn diese Menschen dazu neigen, sich auf eine ziemlich zurückhaltende Art zu präsentieren. Dies ist ein freimütiger Charakter, der nicht gerade unverblümt ist, doch gerne bereit, seine Version der Wahrheit anzubieten, wenn man ihn danach fragt. Man kann sich darauf verlassen, daß der Holz-Hahn bei einem Standpunkt bleibt, wenn er auch liebenswürdig genug ist, zu erkennen, daß nicht jeder zustimmt.

Holz-Hähne schalten schnell, und jeder Möchtegern-Gegner muß sehr früh aufstehen, wenn er diesen Charakter dabei erwischen will, daß er nicht auf dem Posten ist. Der Holz-Hahn, der immer hinter die Kulissen schauen und herausfinden will, was im Leben wirklich los ist, ist die Personifizierung der Neugier, die keine Grenzen kennt.

Da er ständig etwas über das Leben lernt, ist im mittleren Alter bedeutende Weisheit vorhanden, auch wenn diese manchmal mit einer gewissen Selbstgefälligkeit gewährt wird, die andere ziemlich ärgerlich finden mögen.

Der Holz-Hahn neigt zu einigermaßen stabiler Gesundheit, obwohl seine übereifrige Art sein Nervensystem stark beanspruchen könnte. Ständiger Streß führt bei ihm zu Anfällen von Hypochondrie und einer melancholischen Weltansicht. Mit Abwechslung und vielen Interessen im Leben ist er stark genug, um lange und schwer für den Lebensunterhalt zu schuften, denn der Holz-Hahn ist einer der besten Arbeiter des Zoos.

Feuer-Hahn

Hier finden wir die beste und schlechteste aller möglichen Kombinationen, und wenn man einschätzen will, wie sich das Wesen gegenüber der Welt manifestieren wird, muß man die Reife und das Alter der betreffenden Person in Betracht ziehen.

Genügend Feuer im Wesen kann einerseits dazu führen, daß die übereifrigen und fordernden Qualitäten des Hahn-Wesens etwas gemildert werden, andererseits können genau diese durch das Erleben von Frustrationen verstärkt werden. Dies ist sicher eine entschlossene und im großen und ganzen erfolgreiche Art von Hahn, der seine eigenen Ressourcen geschickt verwalten kann und in der Position ist, sich um jene seiner Angehörigen kümmern zu können, die nicht so geschickt sind wie er.

Hier begegnen wir einem komplexen Denker und analytischen Geist, der mit nichts zu vergleichen ist. Nichtsdestotrotz geht der Feuer-Hahn mit höherer Wahrscheinlichkeit als irgendeiner seiner Brüder oder Schwestern im Hühnerhaus Risiken ein, und man kann sich gewöhnlich darauf verlassen, daß er unter fast allen möglichen Umständen die richtige Wahl trifft.

Sämtliches Feuer der Welt könnte jedoch nichts an der hingebungsvollen Fürsorge ändern, die der Hahn dem Leben entgegenbringt, daher neigt weder der männliche noch der weibliche Feuer-Hahn dazu, spontanen Entscheidungen zu folgen. Beide gehen auf sehr vorsichtige Art an ihr eigenes Leben heran, wobei ihre besondere Aufmerksamkeit den Finanzen gilt. Dies ist ein gesprächiger Hahn, der es liebt, sich unter ein breites Spektrum von Menschen zu mischen, und der aus den Erfahrungen jener Individuen lernt, die ihn beeindrucken.

Die Sorge um die Benachteiligten könnte ziemlich ausgeprägt sein – das heißt, wenn der Feuer-Hahn die betreffende Person schätzt, denn schließlich ist dies eine Zeichen- und Element-Kombination, die mehr auf ihr eigenes Leben als auf das anderer schaut.

Erd-Hahn

Jeder Hahn ist am glücklichsten, wenn er über den Hof wandern, seinen eigenen Unterhalt aus dem Staub scharren und einfach zusehen kann, wie das Leben vorüberzieht. Beim Erd-Hahn, einem Menschen mit großem Charme und ruhigem Wesen, ist das gewiß der Fall.

Als gewöhnlich intelligenter Mensch, wenn auch nicht unbedingt in streng akademischer Hinsicht, bezieht der Erd-Hahn sein Wissen über das Leben aus sorgfältiger Beobachtung und dem ständigen Wunsch, sich zu verbessern. Einer großzügigen geistigen Einstellung folgt im mittleren Leben gewöhnlich eine philosophische Sichtweise, die sich bis hin zu bemerkenswerter Religiosität ausdrücken kann.

Der Erd-Hahn hat auch Nachteile. Dieser gerissene Vogel neigt zu ziemlich festgefahrenen Einstellungen – besonders, wenn sich das Leben in persönlicher Hinsicht als schwierig herausstellt. Im Falle des Erd-Hahns kann sich diese Möglichkeit tendenziell bis zur Absurdität verschlimmern. Das Ergebnis führt in manchen Fällen zum stursten Individuum, das Sie sich vorstellen können. Aus diesen Gründen ist es für den Erd-Hahn sehr wichtig, sich ständig alle Möglichkeiten offenzuhalten und als regelmäßige tägliche Übung eine Haltung wissender Flexibilität anzunehmen. Die Freiheit im Denken und in der Haltung spiegelt sich auch auf der körperlichen Ebene und macht den Erd-Hahn im späteren Leben für Krankheiten wie Arthritis weniger anfällig.

Bequemlichkeit und Sicherheit sind für den Erd-Hahn sehr bedeutsam, und in lang andauernden Beziehungen gibt es einiges zu gewinnen. Dies ist ein sehr verläßlicher Typ, bei dem man darauf vertrauen kann, daß er treu bleibt und hart arbeitet. Es wäre allerdings ziemlich dumm, bezüglich Veränderungen und Abwechslung zuviel zu verlangen, denn dies ist ein Mensch, der möglicherweise sehr viel dagegen einzuwenden hat, einen einmal gewählten Pfad im Leben zu wechseln.

Metall-Hund

Obwohl der Hund-Typ zu Beziehungen neigt, besitzt er den Ruf, seinen romantischen Verbindungen gegenüber etwas unbeständig und in gewisser Hinsicht sogar kalt zu bleiben. Dies liegt an seiner intellektuellen Ausrichtung – im Falle des Metall-Hundes, der dazu neigt, mehr Leidenschaft als andere Mitglieder des Rudels zu zeigen, erweist sich dies jedoch weniger offensichtlich. Hunde werden auch beschuldigt, gelegentlich unentschieden zu sein, und hier sollte wieder der Zusatz von Metall im Wesen helfen und zu einer größeren Chance auf dem Weg zum persönlichen Erfolg führen.

Der Metall-Hund ist sehr beschützend und besonders tapfer, wenn auch nicht unbedingt im kriegerischen Sinne, denn dieses Zeichen ist trotz seiner Zähigkeit vom Temperament her kein Kämpfer.

Wenn Metall auf den Hund trifft, besteht eine gewisse Erregbarkeit, besonders für neue Projekte oder die Aussicht auf Reisen, die auch als Enthusiasmus interpretiert werden könnte. Sie werden diesen Charakter nicht daran hindern, seine oder ihre Meinung zu sagen, und der Metall-Hund kann gelegentlich eine ungeheure Klatschtante sein.

Obwohl der Metall-Hund voller guter Absichten ist, erweist sich das Privatleben solcher Individuen manchmal als gutes Material für die durchschnittliche Seifenoper. Es könnten jede Menge Komplikationen eintreten, bis der Metall-Hund versteht, daß Flexibilität nicht dasselbe bedeutet wie die blinde Entschlossenheit, sich um jeden Preis zu amüsieren. Nichtsdestotrotz treffen wir hier auf einen geborenen Diplomaten und einen Menschen, der große Freude daran hat, die Probleme, in die der Rest der Menschheit von Zeit zu Zeit verwickelt ist, zu bereinigen. Hier finden wir eine starke Liebe zum Leben, Enthusiasmus im Überfluß und meistens ein gewinnendes Lächeln. Sehr wenig Neigung zum Schmollen und viele gute Ideen zeichnen die allgemeine Natur dieses sympathischsten aller Typen aus.

Wasser-Hund

Wenn Diplomatie eines der stärksten Merkmale des Hundes ist, dann kann der Wasser-Hund die Vögel von den Bäumen locken und bringt sich bekriegende Parteien in Windeseile dazu, einander aus der Hand zu fressen. Dieses Individuum ist ein geborener Schmeichler, der an der Gesellschaft interessanter und geistreicher Menschen seine helle Freude hat. Freundlich, sympathisch und manchmal überströmend romantisch, der Wasser-Hund ist für manche Leute genau der Richtige, andere erachten ihn jedoch als widerlich oberflächlich.

Als guter, wenn auch irgendwie unbeständiger Freund kennt der Wasser-Hund buchstäblich Dutzende von Leuten und möchte sich wahrscheinlich nicht allzusehr festlegen. Vielleicht ist das der Grund, warum der Wasser-Hund mehr als seinen gerechten Anteil persönlicher Schwierigkeiten hat und zu mehr als einer romantischen Bindung im Leben neigt. Dies liegt jedoch nicht an einem ungelenken Wesen, im Gegenteil, von allen Menschen, die Sie wahrscheinlich jemals treffen werden, ist er derjenige, mit dem man am leichtesten leben kann. Das eigentliche Problem besteht darin, daß der Wasser-Hund in die ganze Welt verliebt ist, leicht mit Menschen in Kontakt kommt und sich alle möglichen Variationen anschaut. Wasser-Hunde können echte Zuneigung für tiefe Liebe halten, was zum Scheitern führt.

Gelegentlich kann der Wasser-Hund weicher sein, als gut für ihn ist und infolgedessen ausgenutzt werden. Mit dem richtigen Schutz und einem beratenden Arm um die Schulter wird der Wasser-Hund starken Eindruck machen. Vorsicht ist jedoch angebracht, da wir hier eine eingebaute Abneigung gegen jede Art von Festlegung finden.

Es ist eine Tatsache, daß es vorteilhaft und erfreulich ist, einen Hund zu kennen, gleich welches beherrschende Element vorwiegt. Aber auch unabhängig von anderen Hund-Typen läßt sich einiges Positives über dieses glückliche, gebende und bis auf die Knochen ehrliche Mitglied des Hundezwingers sagen.

Holz-Hund

Dies ist wirklich ein sehr sympathischer Hund, mit dem die meisten Leute nur sehr schwer streiten können. Bei aller Flexibilität, die man vom durchschnittlichen Hund-Mensch gewöhnlich erwartet, bewirkt der Einfluß von Holz auf das Wesen ein besonders verständnisvolles, warmes und kooperatives Individuum. Hier finden wir Großzügigkeit im Überfluß und den Wunsch, in fast jeder Situation den Weg des geringsten Widerstandes zu gehen. Dies mag einer der Gründe sein, warum der Holz-Hund im Leben nicht ganz so schnell vorankommt, wie er es eigentlich könnte. Dieser Mensch ist so sehr damit beschäftigt, dem Rest der Menschheit zu helfen, daß er kaum Zeit hat, so gründlich über seine eigenen Bedürfnisse und Wünsche nachzudenken, wie er es eigentlich tun sollte.

Holz-Hunde können unter übermäßigen Sorgen leiden, wenn sie nicht von Natur aus gelassen und ausreichend nachdenklich sind; hierin ist begründet, warum Meditation und ausgedehnte Erholungszeiten für sie an Bedeutung gewinnen.

Zu den Nachteilen können manchmal Pessimismus und die Unfähigkeit gehören, eine schnelle Entscheidung zu treffen, wenn sich verschiedene Möglichkeiten anbieten. Beziehungen sollten behaglich und beständig sein, wenn der Holz-Hund auch allzu oft übereilt handelt und dadurch reichliche Anlässe zur Reue erhält.

Trotz all seinem freundlichen Wesen ist der Holz-Hund im Grunde ein ziemlich mutiger Charakter, und man kann sich immer darauf verlassen, daß er jedem hilft, der eine harte Zeit durchmacht. Er ist gewöhnlich zur Stelle, um Unterstützung anzubieten, wenn sie am nötigsten gebraucht wird.

Der Holz-Hund hat etwas von einer Plaudertasche und zeigt sogar in seiner Art zu sprechen nervöse Energie. Der Tag umfaßt für den Holz-Hund nie ausreichend Stunden, um all seine Vorhaben unterzubringen, und von Zeit zu Zeit muß er generell »herunterschalten«, damit sich das System beruhigen kann.

Feuer-Hund

Es gibt dramatische Unterschiede zwischen dem Feuer-Hund und einigen anderen Mitgliedern der Hund-Familie, mit denen wir uns schon befaßt haben. Auch außerhalb des Königreiches der Tiere ist dies die Sorte von Hund, die in der Nähe eines Problems lauert und ungeachtet der Konsequenzen in jede Situation hineintappt. Der Feuer-Hund paßt genau in die zweite Kategorie. Feuer-Hunde haben einen unerschrockenen Zug, und obwohl sie den Charme besitzen, der das Zeichen auszeichnet, starten sie nach Art des Raumschiffs Enterprise unerschrocken zu Orten, die kein Mensch je vordem gesehen hat.

Die loyalen und zuverlässigen Feuer-Hunde können in ziemliche Klemmen geraten, sich jedoch offenbar auch wieder herauswinden. Es ist fast unmöglich, den Feuer-Hund davon abzuhalten, über irgendein Thema zu sprechen, zu dem er fest eine entschiedene Meinung vertritt, und von solchen Themen strotzt dieser Bewohner des Zwingers, der zu den geselligsten gehört. Ein Feuer-Hund wird seine Lebensgefährten und Familie mit all seiner ihm eigenen Zähigkeit beschützen und unnachgiebig sein Recht verteidigen.

Dies nimmt dem von Natur aus umgänglichen Wesen des männlichen oder weiblichen Feuer-Hundes, die zu den sympathischsten Menschen gehören, die irgendwo zu finden sind, jedoch nichts.

Soweit es seine Gesundheit betrifft, ist der Feuer-Hund für nervöse Beschwerden genauso anfällig wie jeder seiner Cousins, wenn man hier auch etwas weniger aufgestaute Spannung finden mag, da die Wahrscheinlichkeit, daß er seine Meinung sagt, höher ist. Konfrontationen kommen vor, sind aber immer der letzte Ausweg, da er im Grunde von Natur aus den Frieden liebt. Feuer-Hunde lieben Veränderung, Abwechslung und Reisen und halten stets nach einer Möglichkeit Ausschau, sich zu amüsieren, was einer der Gründe sein könnte, warum es angenehm ist, sie um sich zu haben.

Erd-Hund

Es bestehen kaum Zweifel, daß wir hier einen der liebenswertesten Hunde im Rudel antreffen, der sich allerdings auch als derjenige herausstellen könnte, der sich selbst am meisten im Weg steht! Jeder, der einen Erd-Hund-Menschen gut kennt, stimmt entschieden zu, daß dahinter Zuneigung, Loyalität, Mitgefühl und Verständnis schlummern.

Dieser Hund hat sich der eigenen Verbesserung verschrieben und verbringt eine Menge Zeit mit Studien, um sich weiterzuentwickeln. Man findet Erd-Hunde oft in Berufen, die der ganzen Menschheit nützen, und sie arbeiten lange und hart, um das Leben für ihre Mitreisenden auf dem Raumschiff Erde angenehmer zu machen.

Geduld gilt als Tugend, und daran mangelt es dem Erd-Hund sicherlich nicht. Das einzige echte Hindernis ist eine sichere Tendenz, zögerlich und ein wenig inkonsequent zu sein, beides kann dem Fortschritt wirklich im Wege stehen. Der Erd-Hund würde wahrscheinlich viel besser vorankommen, wenn er in Hinblick auf sein eigenes Leben genauso sicher wäre wie bei seinen Bemühungen, der ganzen Welt zu helfen. Dies ist auf lange Sicht keineswegs ein Nachteil, denn wahrscheinlich wird dem Erd-Hund im Gegenzug von der sehr großen Anzahl Menschen geholfen, die Grund haben, ihm dankbar zu sein.

Erd-Hunde brauchen viel Abwechslung im Leben, sollten niemals in irgendeine Art von Trott rutschen und gewinnen in der Gesellschaft interessanter und geistreicher Menschen beträchtlich. Hat man diesen Typus um sich, gibt es Spaß und Spiel, aber auch beträchtliche Reflexion. Alles in allem ein Charakter, mit dem man rechnen muß, wenn auch definitiv ein Hund-Typ, bei dem die Tugenden die wenigen existierenden Untugenden aufwiegen dürften.

Metall-Schwein

Dies ist ganz klar die leidenschaftlichste Variante eines Zeichens, das bereits extrem leidenschaftlich ist – kein Charakter, dessen Emotionen Sie leichten Herzens zu beeinflussen suchen sollten. Wenn sich ein Metall-Schwein in Sie verliebt, können Sie endlose Hingabe und eine Loyalität erwarten, die nicht ihresgleichen hat. Wenn Sie das Vertrauen, das Ihnen entgegengebracht wurde, verraten, schützen Sie Ihren Rücken – es könnte ein Messer unterwegs sein. Es gibt jedoch auch nicht viel, worüber man mit dem Metall-Schwein streiten könnte, das heißt, sofern es Sie nicht stört, daß Ihr Liebster zu den Besitzergreifenden gehört. An Beziehungen klebt das Metall-Schwein wie Leim, kann jedoch ein wenig zu sehr klammern und bemerkenswert eifersüchtig werden, wenn es ausreichend Grund dazu hat.

Das Metall-Schwein ist kreativ und sogar gelegentlich anmaßend. Gewöhnlich ist sein persönliches Leben garantiert ein Erfolg, und es verbringt einen Großteil seines Lebens damit, für die Menschheit zu arbeiten, wobei es hervorsticht. Sowohl das männliche als auch das weibliche Metall-Schwein sind im allgemeinen fröhlich – das heißt, wenn sie sich nicht gerade in irgendeiner beängstigend komplizierten Liaison engagieren! Sie sind sehr beharrlich und machen noch weiter, wenn sich alle anderen Schweine im Pferch zu Hause verzogen haben.

Metall-Schweine haben einige sehr großartige Ideen, und es stört sie nicht, wenn sie ein anderer in irgend etwas übertrifft. Sie können ziemlich materialistisch sein. Man wird ihre Anwesenheit nicht ignorieren, denn sie können eine Menge zu einem Thema beitragen und eine entschiedene Meinung vertreten. Sie glauben leidenschaftlich an Gleichheit, hassen Vorurteile jeder Art und sind in einer festen Beziehung am glücklichsten.

Dieser Mensch betrachtet das Leben leicht in Begriffen von Schwarz und Weiß, auch wenn seine Umwelt die Trennungslinie nur schwer ausmachen kann. Es ist jedoch ein verläßliches Zeichen, welches durch das Element Metall noch vertieft wird.

Wasser-Schwein

Das Wasser-Schwein neigt zu großen Beziehungsproblemen, teilweise, weil es von Natur aus extrem emotional ist, aber auch, weil es im Grunde überaus weich ist und am Anfang jeder Art von Verbindung zu viele Risiken eingeht. Wasser-Schweine sind ziemlich reserviert, und man muß vorsichtig mit ihnen umgehen, damit sie nicht unter nervösen Beschwerden der einen oder anderen Art leiden. Am besten arbeiten sie aus einer tiefen, glücklichen persönlichen Beziehung heraus. Dieses Geschöpf, das bereit ist, fast alles für jeden zu unternehmen, den es mag oder als würdig erachtet, hat nichts auch nur entfernt Seichtes an sich.

Besonders das weibliche Wasser-Schwein neigt dazu, zu Beginn jeder Beziehung ein wenig spröde zu sein, wenn man sich davon auch nicht täuschen lassen darf, denn unter diesem scheuen Äußeren befindet sich ein Wesen, das randvoll mit Leidenschaft ist.

Obwohl es das Wasser-Schwein vorzieht, sich den erwarteten Mustern anzupassen, kann es ziemlich abenteuerlustig sein, wenn man sich ihm auf ansprechende Art nähert und es mit einem passenden Partner lebt. Mitgefühl und Verständnis sind bei beiden Geschlechtern intensiv angelegt, und sie haben ein großes Bedürfnis, fast jedem zu helfen.

Man streitet sich nicht mit einem Wasser-Schwein, wenn man es vermeiden kann. Dieses Zeichen ist in der Regel die Freundlichkeit und das Licht in Person, kann jedoch zu einem erstklassigen Feind werden. Wenn es wirklich das Gefühl hat, in irgendeiner Weise ungerecht behandelt worden zu sein, wird es vor nichts haltmachen, um seine Integrität zurückzugewinnen.

Im Geschäftsleben ist das Wasser-Schwein sehr raffiniert und erreicht seine Ziele auf zurückhaltende Art, gewinnt jedoch letztendlich immer. Dieses Individuum ist gut darin, finanzielle Ressourcen anzulegen, und als der wichtigste Motivationsfaktor von allen könnte sich sein starkes Streben zum Familienleben erweisen.

Holz-Schwein

Man muß dem zufälligen Beobachter verzeihen, wenn er auf den ersten Blick zwischen dem Wasser-Schwein und dem Holz-Schwein große Wesensähnlichkeiten sieht. Beide zeigen viel geistige Großzügigkeit und lieben es, anderen Menschen zu helfen. Beide sind scheu und können dennoch im Geschäftsleben großen Erfolg erzielen. Der grundlegende Unterschied liegt in der Ausgangsmotivation, denn während das Wasser-Schwein großartig sympathisieren kann, wird sich sein Holz-Gegenstück besser in die Position des anderen versetzen. Da es das kooperativste aller Schweine ist, findet man es oft in Partnerschaften oder bei der Art von Arbeit, die Teamgeist verlangt. Dies fördert ein tendenziell geselligeres Schwein als irgendein anderes Element.

In der Liebe leistet das Holz-Schwein für den Aufbau einer guten und sicheren Beziehung alles, was es kann. Man darf erwarten, daß es gewöhnlich vergnügt ist. Besonders glücklich ruht es am Busen seiner Familie – der wichtigste Faktor. Das Holz-Schwein sucht den Erfolg, jedoch mehr als Mittel zum Zweck statt als Zweck an sich. Das Holz-Schwein unternimmt alles, was es kann, um die Probleme zu lösen, die andere Menschen sich schaffen, kann jedoch auch selbst in einige Klemmen geraten. Trotzdem ist es von Natur aus praktisch, nimmt nicht notwendigerweise den Weg des geringsten Widerstandes und kann lange und hart arbeiten, um seine Ansprüche zu verwirklichen.

Holz-Schweine schaffen sich wenige Feinde und viele Freunde. Sie haben den klugen Dreh heraus, das Richtige zu sagen und zu tun, sie lieben es zu unterstützen und neigen dazu, jede Art von Dankbarkeit, die zu ihnen zurückfließt, mit einem Achselzucken abzuwehren. Wenn einiges davon oder all das zu gut klingt, um wahr zu sein, denken Sie daran, daß dieser Charakter immer noch ein Schwein-Typ ist und mit genauso hoher Wahrscheinlichkeit wie jeder andere der Familie auch einige weniger vorteilhafte Eigenschaften zeigt.

Feuer-Schwein

Dies ist ganz bestimmt ein Schwein, mit dem man rechnen muß – möglicherweise hat es mehr von einem Wildschwein, wenn man die von Natur aus durchsetzungsfreudigen Fähigkeiten und den Mut betrachtet. Das Feuer-Schwein ist hinsichtlich einer Reihe von Themen, die ihm wichtig sind, extrem leidenschaftlich. Diese Gefühlsqualität erstreckt sich natürlich auch auf das persönliche Leben, wo der Schwein-Typ mehr Schwung und Sinnlichkeit an den Tag legt als jeder seiner gesetzteren Cousins.

Man kann die Bedeutung dieses Charakters nicht leugnen, besonders, da er oder sie Ihnen das Recht dazu nicht zugesteht. Wie die meisten Schweine ist der Feuer-Typ entgegenkommend und hält immer Ausschau nach einer guten Sache, die er unterstützen kann. Hier finden wir den großen Wunsch, die Welt für fast alle zu einem besseren und angenehmeren Ort zu machen, obwohl er in der einen oder anderen Hinsicht selbstsüchtiger ist als einige andere Schweine. Sie können sich auf das Feuer-Schwein verlassen und sicher sein, daß ein Versprechen schließlich auch eingelöst wird.

Das Feuer-Schwein ist im Grunde ein Genießer, also liebt es die guten Dinge des Lebens und bemüht sich, um sicherzustellen, daß nahrhaftes Essen auf dem Tisch steht und man in angenehmer Umgebung leben kann. Diese Art von Mensch badet auch liebend gern, erfreut sich eines guten Sexlebens und kann gelegentlich in angenehmer Gesellschaft die Nacht durchtanzen.

Das Feuer-Schwein ist freundlich, aufmerksam und gewöhnlich verständnisvoll; es gibt einen wunderbaren Freund, aber einen ziemlich unangenehmen Feind ab, also sind sensible Leute gut beraten, diesen Charakter auf ihre Seite zu ziehen. Bei der Arbeit konzentriert sich das Feuer-Schwein gut und hat gewöhnlich durch Beharrlichkeit und die Entschlossenheit, Dinge sauber und effizient in Gang zu bringen, Erfolg. Alle praktischen Aspekte des Lebens hängen jedoch schlußendlich von der emotionalen Stabilität ab.

Erd-Schwein

Dieses Kerlchen kann zum Markt gehen und mit einem Korb voller Schnäppchen zurückkehren. Das Erd-Schwein ist ziemlich still, extrem geduldig und nur zu bereit, die Dinge im Leben zu suchen, die es für sich selbst als gut erkannt hat. Es ist sehr sensibel, hat das Bedürfnis, sich zu verbessern und eine vernünftigere Ansicht über das Leben. Von konfrontativen oder schwierigen Situationen wird es sich möglichst fernhalten, und es lernt mit Freuden alles, was sich anbietet.

Obiges könnte den zufälligen Leser verführen, anzunehmen, das Erd-Schwein sei eines, das im Schlamm steckenbleibt. Wenn es auch zutrifft, daß in diesem Charakter nahezu grenzenlose Geduld innewohnt, finden wir hier einen langsamen, aber sicheren Aufstieg zum Erfolg, starke Intuition und eine beständige Entschlossenheit, die sogar ein Büffel-Geborener bewundern muß.

Erde im Wesen neigt dazu, die reizbaren Qualitäten in fast jedem Zeichen zu stabilisieren, und im Falle des Schweins ist dies sehr wirkungsvoll. Das fördert einen Menschen, der sein Zuhause liebt, wenn auch ohne einige der dynamischeren Leidenschaften, die für seinen Feuer-Cousin typisch sind.

Das Erd-Schwein möchte helfen, wie alle Mitglieder des Klans, und daher ist es ein guter und loyaler Freund. Noch wichtiger ist, daß dieses Individuum eine profunde Vorstellung davon hat, wie man Dinge zum eigenen Vorteil wendet und leicht Umstände schaffen kann, die sowohl ihm selbst als auch den Menschen, die ihm am Herzen liegen, nützen.

Beide Geschlechter sind tendenziell ziemlich attraktive Menschen und stechen in der Menge heraus. Diese Tatsache trifft auf alle Schwein-Typen zu, besonders jedoch auf das freundliche, gewinnende Erd-Schwein, wenn dieser Charakter auch nicht ganz vorn in der Schlange steht, wenn es darum geht, sein oder ihr eigenes Loblied zu singen.

Der Aszendent

Jeden Augenblick jedes Tages dreht sich die Erde langsam um ihre Achse, durch diese Tatsache erscheint es uns auf der Oberfläche des Planeten, als zöge der Himmel über unsere Köpfe hinweg. Die Astrologen alter Zeit – sowohl im Westen als auch im Osten – waren sich dieses Vorganges bewußt und beobachteten auch, daß ein Teil des Tierkreises in den dunklen Stunden über uns hinwegzieht. Sie glaubten, daß das Zeichen des Tierkreises, das zur Zeit der Geburt eines Menschen am östlichen Horizont steht, für den Charakter des Individuums eine bedeutende Rolle spielt. Dieses Tierkreiszeichen ist als Aszendent oder aufsteigendes Zeichen bekannt.

Die Beziehung der Erde zu den Sternen ist komplex, und in der westlichen Astrologie ist es nicht so einfach, das aufsteigende Zeichen festzustellen. Die Chinesen teilten jedoch den Tag gleichmäßig auf und ordneten jedem Tierkreiszeichen einen Teil davon zu. Daher ist es nicht sonderlich schwierig, herauszufinden, welches zu Ihnen gehört – natürlich unter der Voraussetzung, daß Sie die Stunde Ihrer Geburt kennen. Um Ihren chinesischen Aszendenten aufzuspüren, müssen Sie nur in die Tabelle der folgenden Seite schauen.

Jede Stunde des Tages ist aufgeführt, zusammen mit dem chinesischen Tierkreiszeichen, das sie der Überlieferung nach beherrscht. Wenn Sie Ihr aufsteigendes Zeichen einmal herausgefunden haben, können Sie zu den folgenden Seiten weiterblättern, um die Deutung Ihres Tieraszendenten zu finden.

Die meisten Astrologen glauben, der Aszendent zeige sich darin, wie Sie in Ihrem täglichen Leben auf andere Menschen wirken. Vergessen Sie nicht, daß auch Ihr Tierjahr und Ihr Mondzeichen einen bedeutenden Einfluß auf Ihr Wesen haben. Diese Kombination aus Einflüssen ist bei der Einschätzung Ihres Wesens entscheidend.

Vergleichstabelle

Viele Leser werden sich auch für die Verbindung zwischen chinesischer und westlicher Astrologie interessieren. Es ist richtig, daß jedes der chinesischen Zeichen ein vertrautes westliches Gegenstück hat, wenngleich das, was die meisten Leute im Westen als ihr astrologisches Zeichen oder »Sonnenzeichen« sehen, in der chinesischen Astrologie zum »Mondzeichen« wird. Nachfolgend sehen Sie eine nützliche Vergleichstabelle, so daß Sie die Zeichen der beiden astrologischen Systeme vergleichen können.

Tabelle der chinesischen Aszendenten

Geburtsstunde	Zeichen	Geburtsstunde	Zeichen
1.00 – 2.00 Uhr	Büffel	2.00 – 3.00 Uhr	Büffel
3.00 – 4.00 Uhr	Tiger	4.00 – 5.00 Uhr	Tiger
5.00 – 6.00 Uhr	Hase	6.00 – 7.00 Uhr	Hase
7.00 – 8.00 Uhr	Drache	8.00 – 9.00 Uhr	Drache
9.00 – 10.00 Uhr	Schlange	10.00 – 11.00 Uhr	Schlange
11.00 – 12.00 Uhr	Pferd	12.00 – 13.00 Uhr	Pferd
13.00 – 14.00 Uhr	Ziege	14.00 – 15.00 Uhr	Ziege
15.00 – 16.00 Uhr	Affe	16.00 – 17.00 Uhr	Affe
17.00 – 18.00 Uhr	Hahn	18.00 – 19.00 Uhr	Hahn
19.00 – 20.00 Uhr	Hund	20.00 – 21.00 Uhr	Hund
21.00 – 22.00 Uhr	Schwein	22.00 – 23.00 Uhr	Schwein
23.00 – 0.00 Uhr	Ratte	0.00 – 1.00 Uhr	Ratte

Chinesische Zeichen und westliche Entsprechungen

chinesisches Zeichen	westl. Zeichen	chinesisches Zeichen	westl. Zeichen
Drache	Widder	Hund	Waage
Schlange	Stier	Schwein	Skorpion
Pferd	Zwillinge	Ratte	Schütze
Ziege	Krebs	Büffel	Steinbock
Affe	Löwe	Tiger	Wassermann
Hahn	Jungfrau	Hase	Fische

Aszendent Ratte

Da der Aszendent einen enormen Einfluß darauf hat, wie Sie sich der Welt insgesamt präsentieren, kann man drauf wetten, daß Sie – was immer Ihr Jahreszeichen ist – ein extrovertierter Mensch sind, der darauf erpicht ist, zu gefallen. Es macht generell Spaß, Sie um sich zu haben. Vielleicht sind Sie nicht gerade der ethischste Typ der Welt, obwohl Sie aufgrund der Lebhaftigkeit und Anziehungskraft Ihres Wesens wahrscheinlich mit fast allem durchkommen.

Es besteht kein Zweifel an Ihren Fähigkeiten, obwohl es zum Teil von Ihrem Jahreszeichen abhängt, wie gut Sie sie in die Praxis umsetzen. Sie sind wahrscheinlich gesprächig und genießen die Gesellschaft interessanter, geistreicher Leute. Es ist schwer, Sie hinters Licht zu führen, und möglicherweise zeigen Sie bei den seltenen Gelegenheiten, wenn Sie angegriffen werden, ein beachtliches Temperament. Sie nehmen es nicht freundlich auf, wenn Sie zum Narren gehalten werden und können doch selbst ein ungeheurer Spaßvogel sein.

Was immer Sie unternehmen, werden Sie wahrscheinlich mit einer beneidenswerten Menge Talent, Prahlerei und dem guten alten Bluff bis zum Ende durchfechten. Dies behindert Ihren sehr realen Erfolg im Leben keineswegs. Viele Ratte-Typen bringen es aus eigener Kraft zu etwas, und alle lieben das Hin und Her des täglichen Lebens. Ratten sind sportlich, wenn sie auch dazu neigen, nur das zu tun, was auf dem Weg zu irgendeinem Ziel unbedingt nötig ist. Diese Tatsache ist nicht auf einen angeborenen faulen Zug zurückzuführen, sondern kommt dem Wunsch der Ratte nach Abwechslung entgegen, denn dieses Individuum kann leicht ermüden, wenn es gezwungen ist, dieselbe Routine über einen längeren Zeitraum einzuhalten.

In der Liebe ist ein Mensch mit Aszendent Ratte aufmerksam und freundlich. Hier finden wir auch gewisse Loyalität, solange die Dinge zur Zufriedenheit der Ratte laufen. In Beziehungen kann die Ratte jedoch zu Abwechslung neigen.

Aszendent Büffel

Man sollte gleich zu Anfang sagen, daß Sie wenig Schwierigkeiten haben, eine Grundlage für echten Erfolg in Ihrem Leben aufzubauen – auch wenn dieser Prozeß in Ihrem Fall um einiges länger dauert, als es mit der Hilfe anderer, offensichtlich dynamischerer chinesischer Zeichen der Fall wäre. Es ist nicht Ihre Art, Dinge zu überstürzen oder Themen durchzudrücken, die auf Geduld und sorgfältige Planung besser ansprechen. Nichtsdestotrotz kann Sie nichts und niemand davon abhalten, Ihren Weg zu gehen, wenn Sie sich einmal entschieden haben.

Sowohl Bequemlichkeit als auch Sicherheit sind ausgesprochen wichtig für Sie, und Sie wünschen sich nichts mehr als ein beständiges häusliches Leben und eine Familie, die Sie bewundert. Anpassung ist für den freundlichen, schwerfälligen Büffel, der keine Risiken irgendwelcher Art eingehen und eigentlich ein Leben führen will, das so friedlich wie möglich ist, alles. Trotzdem verfügen Sie über große Entschlossenheit und einen eisernen Willen, was bedeutet, daß Ihnen wahrscheinlich nur die tollkühnste Art von Individuum in die Quere kommt.

Es besteht eine gute Chance, daß Sie sich ziemlich gut kennen. Sie sind ein sachlicher Charakter, wenn auch voller Charme, sehr künstlerisch und immer bestrebt zu gefallen. Man kann darauf wetten, daß sich Ihre Freunde an Sie wenden, um den unschätzbaren Rat zu erhalten, den Sie bereitwillig anbieten. Man betrachtet Sie als überaus sensibel und als ein starkes Bollwerk für jeden, der gerade in Schwierigkeiten steckt. Da Sie eine praktische Natur sind, können Sie Dinge im Haus erledigen und wissen instinktiv, was richtig aussieht und sich gut anfühlt.

Trotz all des oben Genannten wirken Sie auf Leute, die Sie nicht so gut kennen, wie ein sehr starkes Individuum, und Sie tun alles auf Ihre eigene, sorgfältige und beständige Art.

Aszendent Tiger

Menschen mit dem Aszendent Tiger haben ein besonderes Flair. Vielleicht ist es die unberechenbare Seite des Wesens, die es so erfrischend macht, diese Individuen um sich zu haben. Die hinzukommende Freiheitsliebe macht sie neugierig auf eine Welt, die ständig Überraschungen bereithält, um sogar den düsteren Tag aufzuhellen. Wenn Sie sich dieses Aszendenten erfreuen, dürfen Sie sicher sein, daß Sie immer von guten Freunden umgeben sind und Unterstützung für Ihre vielen Pläne und Ideen erhalten, für wie ausgefallen diese auch erachtet werden.

Sie sind von Natur aus ein sehr freies Individuum, obwohl die Ausprägung von Ihrer persönlichen Zeichenmischung modifiziert wird. Welches Tierjahr und welcher Mond auch immer – Ihr zweiter Vorname ist Freundlichkeit, und Sie würden nicht im Traum darauf verfallen, irgend jemandem einen schlechten Dienst zu erweisen, wenn es möglich ist, auf beste Art zu helfen. Es stimmt, daß Sie manchmal ein wenig leichtsinnig sein können, wenn auch niemals auf zerstörerische Weise. Es gibt kaum etwas, daß Sie zurückzuhalten vermag, und das einzige, das Ihnen vielleicht wirklich Grenzen setzt, ist der Versuch der Welt oder bestimmter Individuen, Ihre Bemühungen zu durchkreuzen.

Das Zeichen des Tigers auf Ihrem Aszendenten macht Sie etwas leichtsinniger, als andere Aspekte Ihrer Natur anzeigen, und das bedeutet, daß Sie bereit sind, ein erhebliches Risiko einzugehen, wenn Sie glauben, daß der Zweck die Mittel heiligt. Kaum jemand kann voraussagen, wie Ihr Geist arbeitet, und wenn man Sie kennengelernt hat, wird man es auch kaum versuchen. Obwohl Sie in verschiedener Hinsicht gesellig sind, können Sie auch ein sehr starker Einzelgänger sein – schließlich sind Tiger berühmt dafür, die meiste Zeit allein unterwegs zu sein. Genau wie diese beängstigende Katze besitzen Sie große Kraft, halten diese aber im allgemeinen zurück.

Aszendent Hase

Hase-Menschen gehören zu den friedlichsten und glücklichsten Geschöpfen, die man im chinesischen Zoo findet. Dies trifft immer zu, egal, welche anderen Zeichen in dem betreffenden Individuum präsent sind, denn obwohl der Hase kein dynamisches Zeichen ist, macht sich seine Gegenwart unter fast allen Umständen bemerkbar.

Hase-Menschen sind kultiviert, also besteht eine gute Chance, daß Sie bei fast jeder Art von Versammlung und in jeder Funktion willkommen sind. Man kann sich darauf verlassen, daß Sie sich benehmen, und wenn Sie auch nicht gerade das lauteste Mitglied der Menagerie sind, haben Sie die Fähigkeit, zu jeder Gelegenheit mehr oder weniger das Richtige zu sagen. Da Sie Streitereien oder Ärger jeder Art generell nicht mögen, scheuen Sie wahrscheinlich die Konfrontation und tendieren dazu, durch subtilere Mittel, als sie vielen Ihrer Brüder und Schwestern zugänglich sind, das zu erreichen, was Sie wollen.

Wenn Sie mit der Welt im allgemeinen zu tun haben, sollte man daran denken, daß Sie andere sehr gut überrumpeln können. Mit dieser Gabe und einer Mischung aus Subtilität und Diplomatie werden Sie gewöhnlich Situationen so zurechtbiegen, wie Sie es sich vorstellen und sogar Leute täuschen, die zehnmal soviel natürliche Aggression haben wie Sie. Manche Leute mögen Sie ein wenig überheblich finden. Wahr ist, daß Sie Ihre eigenen Schäfchen extrem gut ins Trockene bringen können – eine Tatsache, die jene Individuen überraschen könnte, die die Komplexität Ihres schwierigen Zeichens nicht verstehen können.

Komfort ist ein wichtiger Faktor in Ihrem Leben, daher wünschen Sie sich eine harmonische und geordnete Umgebung, ergötzen sich an schöner Dekoration und verlassen Ihr Zuhause vielleicht nicht so bereitwillig.

Aszendent Drache

Hängen Sie die Fahnen raus und blasen Sie eine Fanfare auf der Trompete – der majestätische Drache ist in der Nähe. Was auch immer Ihr Tierjahr-Zeichen sein mag – Sie haben mit Sicherheit schon bemerkt, daß Sie einen gewissen Tumult verursachen, wo immer Sie hingehen, daß Menschen Sie entweder lieben oder hassen – wahrscheinlich ohne Zwischenstufen. Sie sind offensichtlich ein Drache und waren es seit Anbeginn aller Existenz. Da die Zeiten sich im wesentlichen nicht ändern, werden Sie aufgrund Ihrer direkten und angstfreien Herangehensweise ans Leben an manchen Orten willkommen sein, wohingegen Sie anderswo auf eine kühlere Reaktion treffen – wahrscheinlich, weil Sie gelegentlich ein klein wenig rechthaberisch sein können!

Wenn Sie ein echter, eingefleischter Drache sind, scheren Sie sich wirklich nicht darum, welche Meinung die Welt von Ihnen hat, was allerdings nicht nur auf Arroganz Ihrerseits zurückzuführen ist. Sie wissen einfach, wohin Sie wollen und wie Sie am besten dorthin kommen. Sie zeigen großen Ehrgeiz, Vielseitigkeit, Ausdauer und ungeheuren Mut. Ihre Denkmethode ist progressiv und interessant. Diejenigen, die Ihre Eigenschaften schätzen, halten Sie wirklich für das Größte und würden fast alles tun, um Ihr Lächeln zu erhalten, was ohnehin nicht sonderlich schwer ist.

Obwohl Sie dazu neigen, im Leben – wenigstens im praktischen Sinne – erfolgreich zu sein, nehmen Sie auf sehr ethische Weise Dinge in Angriff. Wahrscheinlich ist das der Grund, warum sogar jene Individuen, die Sie nicht zum Freund erkoren haben, Ihnen widerwillig Respekt erweisen für die Art, wie Sie Ihre Ziele erreichen. Sie fürchten kein Unglück und können sich gegen viele Rückschläge zur Wehr setzen, um auf dem Weg zu jedem von Ihnen erstrebten Ziel den Gewinn davonzutragen. Selbstvertrauen ist die größte Waffe in Ihrem Arsenal, wenn Sie auch nicht ganz so mächtig sein könnte, wie Sie denken. Wie alle anderen brauchen auch Sie gelegentlich ein wenig Erholung.

Aszendent Schlange

Hier haben wir ein Geschöpf, das sich schlichtweg weigert, sich hetzen zu lassen. Zum Ausgleich sollte man sich daran erinnern, daß die Schlange blitzschnell zuschlagen kann, wenn sie provoziert wird, deshalb sollte man ein Individuum mit dem Aszendenten Schlange niemals unterschätzen. Dies ist ein Mensch mit großem Charme und von guter Herkunft, genau die Person, die Sie fast überallhin mitnehmen können, mit dem sicheren Wissen, daß sie weiß, wie sie sich verhalten muß, um sich selbst und Sie völlig zufriedenzustellen. Es trifft zu, daß die Schlange es nicht mag, in die Ecke getrieben oder gedrängt zu werden, obwohl sie meistens ein unbekümmerter Typ ist und das Vergnügen liebt.

Wenn Sie mit dem Aszendenten Schlange geboren wurden, haben Sie all die natürlichen Attribute, die durch dieses bezauberndste und attraktivste chinesische Zeichen auf die Persönlichkeit einwirken. Sie dürfen erwarten, viele Bekannte und ein paar wirklich gute lebenslange Freunde zu haben. Ihre Beziehung zu Mode grenzt wahrscheinlich an Besessenheit, und Sie erfreuen sich an den guten Dingen des Lebens, wozu Essen und Trinken, Luxus im allgemeinen und die Möglichkeit gehört, exotische Orte zu besuchen. Einige Menschen werden Sie für ziemlich unergründlich und vielleicht als ein wenig schwer zu verstehen einschätzen, daher ist es gut für beide Seiten, wenn Sie sich so genau erklären, wie es Ihrem ziemlich verschlossenen Wesen möglich ist. Das kann bedeuten, manchmal ausführlicher zu werden, als nötig erscheint, um Ihren Standpunkt klarzumachen. Wenn Sie das Gefühl haben, mißverstanden worden zu sein, ist ein wenig Schmollen nicht ausgeschlossen.

Obwohl Sie von Natur aus ziemlich ruhig sein mögen, besitzen Sie tendenziell etwas von einem Angehörigen der oberen Zehntausend. Sie sind erfreut, wenn man Sie bemerkt, um so mehr, weil Sie sich immer die Mühe machen, schick auszusehen und sich nicht unvorbereitet in der Öffentlichkeit sehen lassen.

Aszendent Pferd

Wie könnte man Sie übersehen? Sie stammen zweifellos aus einem der extravertiertesten und attraktivsten Gehege des Zoos. Sie fallen in einer Menschenmenge auf, und das stört Sie nicht im geringsten. Das liegt daran, daß Sie sich nach Aufmerksamkeit sehnen und sich sehr langweilen können, wenn Sie diese nicht auf sich ziehen. Die Ideen, die Sie ständig entwickeln, haben gelegentlich einen genialen Anstrich, wenn Sie auch von Zeit zu Zeit einige übereilte und dumme Entscheidungen treffen können.

In der Liebe sind Sie tendenziell ein Charmeur, und Angehörige des anderen Geschlechtes nehmen Ihren starken Sex-Appeal wahr. Dies kann in Ihrem Leben zu Schwierigkeiten führen – es sei denn, Sie finden die Stabilität einer romantischen Partnerschaft, die Sie sowohl persönlich als auch intellektuell befriedigt. Sie neigen zu vielen und verschiedenartigen Freundschaften. Pferd-Typen sind dafür bekannt, daß sie sich unter einen ziemlich merkwürdigen Querschnitt von Menschen mischen, und man kann sich gewöhnlich darauf verlassen, daß sie denen, die in Schwierigkeiten sind oder besondere Unterstützung brauchen, den richtigen Rat geben.

Die wichtigste Facette Ihrer Natur ist Ihre instinktive Fähigkeit zu unterhalten. Auch wenn Sie Hochs und Tiefs erleben, sind Sie kaum einmal längere Zeit niedergedrückt. Gewöhnlich findet man Sie dort, wo gelacht wird, und Sie verstehen es, noch aus schwierigen Umständen das Beste zu machen. Dies ist einer der Gründe, warum Sie praktisch jeder, der Sie kennt, so liebt – sogar die, die sich viel weniger für Sie interessieren würden, wenn das nur möglich wäre!

Natürlich scheren Sie sich nicht um Beschränkungen irgendwelcher Art. Sie bevorzugen es, mehr oder weniger herumwandern zu können und genießen das Reisen sehr. Ihr Tier-Namensvetter ist ein Geschöpf der hügeligen Ebenen und der offenen Weiten – und Sie sind es auch.

Aszendent Ziege

Sie sind mit Sicherheit nicht der extravertierteste oder lauteste Mensch weit und breit, wenngleich dies nicht bedeutet, daß Sie in einer Menschenmenge nicht herausstechen oder am Ende der Schlange stehen, wenn es darum geht, das zu erreichen, was Sie im Leben erstreben. Sie machen im Gegenteil mit Ihrer langsamen, stetigen und oft freundlichen Art wirklichen Eindruck, bekommen relativ leicht das, was Sie wollen, und zeigen sich in jeder denkbaren Situation von Ihrer besten Seite.

Es stimmt, daß Sie ein extravagantes Flair haben und sich zu fast jeder Form von Luxus hingezogen fühlen. Trotzdem sind Sie keineswegs materialistisch und verzichten leichten Herzens, um eine Sache zu unterstützen, an die Sie wirklich glauben. Ziegen helfen oft weniger gesegneten Menschen, und ihre Geduld ist so umfassend, daß sie aufmerksam zu anderen sind, die von manchen wohlmeinenden Leuten vielleicht schon stehengelassen wurden. Sie sind von Natur aus kreativ, so daß Sie sich zu einem künstlerischen Beruf hingezogen fühlen, wenn Sie sich nicht dafür entscheiden, Ihr Leben einer Karriere zu widmen, mit der Sie der Menschheit allgemein helfen. Was immer Sie unternehmen – Sie können lange und hart arbeiten, um Ihre Ziele zu erreichen, planen sorgfältig und haben nichts dagegen zu warten, um das zu erreichen, was Sie vom Leben verlangen.

Es wurde oft unterstellt, Ziegen seien glückliche Menschen, obwohl man damit die Fähigkeit der Ziege ignoriert, genügsam zu sein und nur ein Risiko einzugehen, wenn die Chancen besonders günstig stehen. Es stimmt jedoch, daß Sie gelegentlich sehr unsicher sein können und beträchtliche Ermutigung brauchen, um emotionale Gelegenheiten wahrzunehmen; besonders, wenn Sie in der Vergangenheit eine schmerzhafte Erfahrung gemacht haben. Wenn Sie sich einmal einer Beziehung persönlicher Art verpflichtet haben und sich sicher fühlen, können Sie sehr hemmungslos sein.

Aszendent Affe

Der Affe ist ein sehr kluges Geschöpf, also seien Sie nicht überrascht, wenn Sie im Leben gut vorankommen; schließlich ist Ihr Affe-Aszendent geeignet, um Ihnen weiterzuhelfen. Viele östliche Kulturen betrachten den Affen als Anführer der Tiere, und dieser raffinierte Charakter sticht sicher heraus, wenn es darum geht, andere Menschen in jede von ihm gewünschte Richtung zu lenken. Das macht Sie nicht zu einem offenkundigen Nutznießer anderer, denn im besten Falle werden Ihnen immer auch deren Interessen am Herzen liegen.

Eines der stärksten Merkmale Ihres Wesens ist Ihre nicht zu leugnende Gewandtheit, denn die meisten Affe-Typen können fast alles in Angriff nehmen. Für welche Unternehmung auch immer Sie sich entscheiden – Sie gehen stets mit derselben vergnügten und effizienten Art heran, obwohl Routine Sie auch langweilt und Sie in Ihrem Leben soviel Abwechslung wie möglich mögen. Wegen dieser Tatsache könnte man Sie, besonders in jungen Jahren, gelegentlich beschuldigen, unbeständig zu sein. Die meisten Affe-Typen gewinnen jedoch an Selbstvertrauen und Ausdauer. Daher schaffen es so viele von ihnen, sich im einen oder anderen Bereich eine Nische zu schaffen.

In emotionaler Hinsicht können Sie ziemlich unsicher sein, wohingegen Sie sexuell und in Beziehungen zweifellos provokativ und für Mitglieder des anderen Geschlechtes generell attraktiv sind. Sie möchten unter allen Umständen so gut wie möglich aussehen und unternehmen alles, was Sie können, um bis in Ihre mittleren Jahre und darüber hinaus attraktiv zu bleiben. Sie sind jedoch nicht unter einem Aszendenten geboren, der besonders vom Älterwerden begeistert ist und sich stets bemühen wird, um auf der Höhe der Zeit zu bleiben. Sie besitzen ein gutes Gedächtnis und können einfach dadurch, daß Sie die Ohren offenhalten, zu einer Fundgrube der Informationen werden. Dies wird Ihnen dadurch erleichtert, daß Sie an fast allem interessiert sind.

Aszendent Hahn

Das größte Geschenk, das Sie in die Welt bringen, sowohl zu Ihrem Vorteil als auch zugunsten der vielen Leute, die von Ihrer Freundlichkeit profitieren, ist eine große Beständigkeit. Ihr stärkster Punkt stellt sich jedoch unweigerlich auch als der schwächste heraus, und Sie müssen besonders darauf achten, in Ihrem Alltag flexibel zu bleiben, damit Sie nicht in viel zu eingefahrene Gleise geraten.

Sie sind ein flotter Vogel und mögen es, in jeder Situation in Bestform zu sein. Mit überdurchschnittlicher Intelligenz und der Fähigkeit, die richtigen Worte zu finden, um sich verständlich zu machen, gibt es sehr wenige Menschen, die nicht begreifen, was Sie ihnen sagen wollen. Was die Persönlichkeit betrifft, so sind Sie voller Selbstvertrauen und verständnisvoll, können das Beste aus schwierigen Situationen machen und sind immer bestrebt, Dinge vom Standpunkt des anderen Menschen zu sehen – auch, wenn Sie nicht immer erkennen, welcher das sein könnte. Kein Hahn erträgt Dummköpfe gelassen, und daher mögen Sie nicht der geduldigste Zeitgenosse sein. Ziemlich oft finden Sie es einfacher, etwas selbst zu tun, als es anderen Menschen anzuvertrauen, und genau diese Facette Ihrer Natur kann für diejenigen, die entweder mit Ihnen oder in Ihrer nächsten Nähe leben, leicht irritierend sein.

Wenn es um Ihre Meinungen geht, sind Sie geradeheraus und gehen mit allen Angelegenheiten gewöhnlich korrekt um. Sie verfügen über eine ausgeprägte Intuition, so daß Sie oft eine sehr gute Vorstellung davon haben, auf welche Art irgendein Projekt oder eine Idee wahrscheinlich funktioniert. Alle Hähne sind komplexe Denker, und es stimmt, daß Sie gelegentlich Dinge zu sehr komplizieren, obwohl Sie durch Ihre Beharrlichkeit gewöhnlich am Schluß Ihr gewünschtes Ziel erreichen. Konstitutionell sind Sie stark, obwohl in Ihrem Wesen eine Tendenz zu Hypochondrie und eine nervöse Seite angelegt sind.

Aszendent Hund

Es besteht wenig Zweifel, daß es Spaß macht, Sie um sich zu haben, und Sie heitern fast jede Gruppe oder Ansammlung von Menschen, mit denen Sie in Kontakt kommen, auf. Als Mensch mit dem Aszendenten Hund sind Sie von Natur aus reizbar und äußern unter den meisten Umständen Ihre Meinung – trotz der Tatsache, daß Sie eine natürliche diplomatische Haltung haben, die es mit allen aufnehmen kann, die man sonst in der Menagerie findet. Nach Beliebtheit brauchen Sie nicht zu suchen – im Gegenteil, Sie müssen nur entsprechend auftreten, um festzustellen, wieviel die Menschen von Ihnen halten. Warum? Weil es Vergnügen bedeutet, Sie um sich zu haben, und Sie jede erlahmende Zusammenkunft einfach durch Ihre Anwesenheit beleben können.

Wie der Hund, nach dem Ihr Aszendent benannt ist, sind Sie von Natur aus loyal, beschützend und besonders freundlich zu denen, die Sie mögen, jedoch auch bekannt dafür, daß Sie ein wenig herumziehen und daher, auf die Jahre betrachtet, nicht der beständigste Typ weit und breit sind. Das soll nicht heißen, daß Freunde Ihnen wenig bedeuten, im Gegenteil: Sie würden fast alles für ein Individuum tun, das Sie als wichtig betrachten. Es fällt Ihnen nicht schwer, zu verstehen, was andere motiviert – Sie wissen Charaktere gut einzuschätzen; es sei denn, Sie sind mit jemandem auf persönlicher Ebene involviert. In diesem Fall regieren tendenziell Ihre Emotionen Ihren Intellekt.

Ängstlichkeit ist Ihr schlimmster Feind, und alle Menschen, die den Hund in ihrem astrologischen Bild finden, sollten die Kunst der Meditation praktizieren. Dies trägt zur Beruhigung des Nervensystems bei und gibt dem Individuum die Möglichkeit, die Dinge von einem gelasseneren Standpunkt zu betrachten, genau was der Hund dringend nötig hat. Ihrem Wesen wohnt eine ruhige Seite inne, und Sie sind dafür bekannt, ziemlich zurückhaltend zu sein. Wenn das Leben Ihnen wirklich einen Tritt gibt, zeigen Sie eine Neigung, leicht zynisch zu werden.

Aszendent Schwein

Sie können vielleicht zu Ihrer eigenen Unterstützung einen ziemlich komplexen Charakter haben und in Ihrer Umgebung zunächst auf viel Unverständnis stoßen. Wenn jemand Ihre Art zu denken erfaßt, gewinnt man Sie zu einem lebenslangen, verläßlichen Freund. Sie fühlen sich nur sicher, wenn Sie ein unterstützendes Umfeld um sich wissen. Die Liebe, die Sie dem Heim und der Familie gegenüber an den Tag legen, ist legendär, und der Familienzusammenhalt ist in Ihrer Lebenssicht von großer Wichtigkeit. Eine sichere eheliche Beziehung paßt am besten zu Ihnen, und die Scheidungsrate unter Schweinen ist gewöhnlich sehr niedrig.

Obwohl von Natur aus sinnlich, können Sie auch ziemlich scheu sein, was oft einen falschen Eindruck davon vermittelt, was für ein Mensch Sie eigentlich sind. Aber trotz all Ihrer persönlichen emotionalen Attribute sind Sie auch extrem scharfsinnig und nicht leicht hinters Licht zu führen. Ein Grund dafür liegt in Ihrer scharfen Wahrnehmung und starken Intuition. Sie können gewöhnlich das Wesen jedes beliebigen Gegenübers erraten, und wenn Sie sich einmal Ihre Meinung gebildet haben, ändern Sie sie kaum jemals.

Die meisten Schweine sind sehr tapfer und auch für einen Hang zur Wohltätigkeit bekannt. Es ist die zweite Natur Ihres Zeichens, für das Wohl der Menschheit zu arbeiten, und so überrascht es nicht, wenn man entdeckt, daß es in den Pflegeberufen viele Schwein-Individuen gibt. Es ist für Sie wichtig, sich erwünscht zu fühlen, und Sie unternehmen alles, um Ihrer Umwelt sowohl auf beratende wie auch auf praktische Weise zu helfen. Selbstvertrauen mag in mancher Hinsicht nicht Ihre Stärke sein, doch wenn es darum geht, irgendein Individuum zu vertreten, für das Sie sich interessieren, können Sie sehr tapfer, extrem zäh und unbestreitbar loyal sein.

Verträglichkeit

In allen Formen der Astrologie ist es nützlich zu wissen, mit welchen Zeichen des Tierkreises Ihr eigenes Geburtszeichen wahrscheinlich gut zurechtkommt. Die Chinesen sind in dieser Hinsicht keine Ausnahme. Besonders wenn es um die Liebe geht, schauen sie immer sorgfältig, welche anderen Zeichen ihrem eigenen verwandt sind. Natürlich sollten Sie auch Ihren Aszendenten und Ihr Mondzeichen im Kopf behalten, wenn Sie Ihre Chance einschätzen, sich mit irgendeinem anderen Menschen zu vertragen.

Unten finden Sie eine Tabelle, die Ihnen den Vergleich der chinesischen Zeichen leichtmacht. Schauen Sie auf der linken Seite der Tabelle nach Ihrem eigenen Zeichen und in der oberen Zeile nach dem Zeichen, mit dem Sie es vergleichen wollen. Dort, wo die beiden sich treffen, sehen Sie eine Seitennummer. Blättern Sie zu dieser Seite im folgenden Abschnitt, um etwas über die Verträglichkeit der chinesischen Tiere zu erfahren.

	Ratte	Büffel	Tiger	Hase	Drache	Schlange	Pferd	Ziege	Affe	Hahn	Hund	Schwein
Ratte	176	176	177	177	178	178	179	179	180	180	181	181
Büffel	–	182	182	183	183	184	184	185	185	186	186	187
Tiger	–	–	187	188	188	189	189	190	190	191	191	192
Hase	–	–	–	192	193	193	194	194	195	195	196	196
Drache	–	–	–	–	197	197	198	198	199	199	200	200
Schlange	–	–	–	–	–	201	201	202	202	203	203	204
Pferd	–	–	–	–	–	–	204	205	205	206	206	207
Ziege	–	–	–	–	–	–	–	207	208	208	209	209
Affe	–	–	–	–	–	–	–	–	210	210	211	211
Hahn	–	–	–	–	–	–	–	–	–	212	212	213
Hund	–	–	–	–	–	–	–	–	–	–	213	214
Schwein	–	–	–	–	–	–	–	–	–	–	–	214

Ratte trifft Ratte

Dies ist eine potentiell explosive Kombination, besonders da die Ratte dazu neigt, die meiste Zeit ihren Kopf durchsetzen zu wollen. Obwohl ein sehr geselliger Typ, möchte die Ratte im Zentrum der Aufmerksamkeit stehen und ist nicht allzu glücklich, wenn sie das Rampenlicht mit einem Mitbewerber teilen muß. Dies wäre jedoch mit Sicherheit ein Zusammentreffen gleichgesinnter Geister und weist auf eine Beziehung hin, die für beide Seiten geistig ziemlich anregend sein könnte. Die Ratte will hilfreich sein und liebt ihr Heim und ihre Familie überaus, doch sie braucht auch Gesellschaft, und es gibt bei dieser Kombination in jedem Fall wenig Streit über die Vorzüge des Daheimbleibens gegenüber einem Abstecher in die Glitzerwelt. Beide Partner werden bei dem Ausflug dabei sein!

Ratte trifft Büffel

Hier finden wir zwei radikal verschiedene Sichtweisen des Lebens, was jedoch nicht heißt, daß diese Beziehung keine potentielle Chance hat – im Gegenteil: Die schnelle, explosive Ratte ist eine ideale Anregung für den langsamen, schwerfälligen Büffel, was an und für sich ein Erfolgsrezept verspricht. Der Büffel kann in dieser Partnerschaft einige der abgehobenen Qualitäten der Ratte erden, was eine überlegtere Reaktion und bessere Konzentration fördert. Ratten müssen von Zeit zu Zeit gebremst werden und sprechen auf die träge Einstellung zum Leben gut an. Zwischenzeitlich kann die gesellige Ratte viel tun, um den gesetzteren Büffel in Bewegung zu versetzen, und ein wenig Aufregung ins Leben mischen.

Ratte trifft Tiger

Dies ist eine interessante Kombination, die jedoch aus einer Reihe von Gründen nicht viele Pluspunkte erreicht. Beide Zeichen wollen ihren Kopf durchsetzen, doch aus völlig verschiedenen Motiven. Der Tiger, obwohl gesellig, wandert in jedem Fall gern allein und hat eine originelle und oft einmalige Sichtweise vom Leben. Ratten wollen unterwegs sein, lieben das Hin und Her von Interaktionen und Party-Atmosphäre, wohingegen Tiger durchaus bestrebt sein können, auf irgendeinem Rocky Mountains-Bergweg entlangzuschreiten. Es stimmt, daß beide Zeichen von Natur aus humanitär sind und sich freuen, wenn man gut von ihnen denkt, und doch besitzt der Tiger eine bestimmte Zurückhaltung, die die Ratte unangemessen finden könnte.

Ratte trifft Hase

Der Hase ist ein Individuum von solch sanfter Natur, daß die Subtilität dieses stillen Individuums in einer Vereinigung mit der stets geselligen Ratte völlig verlorengehen könnte. Sicher wäre sehr viel Liebe vorhanden, wenn sie sich auch auf verschiedene Arten zeigt. Der Hase genießt möglicherweise den beschützenden Arm um seine Schulter, den eine Ratte im Haus verspricht, doch wenn es zu einem Streit irgendeiner Art käme, gäbe es wahrscheinlich Schwierigkeiten, da die Ratte weiß, wie sie ihre Gedanken – auch emotional – ausdrückt, wessen der zurückgezogene Hase nicht mächtig ist. Damit diese Kombination wirklich zum Erfolg führt, muß der Hase einige Muskeln entwickeln.

Ratte trifft Drache

Alles in allem ist dies kein schlechtes Gespann. Nur die Ratte kann sich gegen die majestätische Wichtigkeit des Drachens wirklich behaupten, wohingegen die mentale und physische Anregung, die die Ratte mitbringt, dem Drachen einen Schubs gibt. In einem Haus, in dem sich diese beiden die Hypothek teilen, wird nie Stille herrschen, und mit dem potentiellen Erfolg beider Zeichen sollte es Geld im Überfluß geben, um die Rechnungen zu bezahlen. Streitigkeiten sind von immensem Ausmaß, denn keines dieser Geschöpfe unterliegt gern. Trotzdem gibt es wenig Groll, und beide teilen eine Versöhnlichkeit, die zu der einprägsamen Erfahrung von Wiedergutmachung führen kann. Wenn die Ratte und der Drache sich einmal wirklich mit ihren verschiedenen Rollen angefreundet haben, können Konfrontationen gänzlich vermieden werden.

Ratte trifft Schlange

Wenn es eines gibt, das der Ratte in dieser Beziehung auf die Nerven geht, ist es die Tatsache, daß die Schlange sich einfach nicht hetzen läßt. Sie neigt dazu, das Leben im Reptilienschritt zu durchmessen, und hat nicht denselben Wunsch nach persönlichem Erfolg, der bei der Ratte so ausgeprägt ist. Wenn die Schlange zu Hause bleiben und die Dinge auf ihre eigene unnachahmliche Art betrachten kann, sollte alles in Ordnung sein, und das einzige echte Problem taucht auf, wenn es sich genau umgekehrt verhält. Die Schlange hingegen findet es schwierig, mit dem Tempo des Lebens zurechtzukommen, das die geschäftige und ständig denkende Ratte verlangt.

Ratte trifft Pferd

Diese beiden sind in jedem Sinne des Wortes Gegensätze, besonders im astrologischen Sinne, und doch gibt es so viele Ähnlichkeiten, daß sie einfach Erfolg haben können – auch wenn die Motivation hinter ihrem gewählten Lebensstil nicht dieselbe sein mag. Beide Zeichen sind wahrhaft umtriebig und lieben die Gesellschaft anderer. Jedes ist auf seine eigene Art schlau und kann zum Fluß des Wissens beitragen, der für das Zusammentreffen von Ratte und Pferd typisch ist. Dies ist ein geselliges Gespann, das in erster Linie auf Vertrauen basiert – das muß es, denn beide Zeichen sind von Natur aus Wanderer! Bequemlichkeit und Sicherheit sind ihnen weniger wichtig.

Ratte trifft Ziege

Die Ziege ist entweder ein Stubenhocker oder aber die Art Mensch, die wirklich die Welt sehen will – mit all ihren Macken. Hier trifft man auf einen fundamentalen Unterschied, denn obwohl die Ratte ebenfalls gern unterwegs ist, findet man sie mit größerer Wahrscheinlichkeit in einer Disco als beim Erkämpfen eines Pfades durch den Regenwald. Die Ratte ist ein gesellschaftlicher Kletterer; wenn die Ziege jedoch irgend etwas erklimmt, ist es wahrscheinlich abschüssiger Fels. Zwischen den Abenteuern liebt es die Ziege, zu Hause zu bleiben und sich am Feuer zu wärmen. Sie schätzt einen geordneten Haushalt und braucht Familienbande. Diese sind der Ratte, die die Welt als ihre Familie betrachtet, nicht so wichtig.

Ratte trifft Affe

Hier finden sich ausreichend Ähnlichkeiten, um eine gute Beziehung auf den meisten Ebenen zu unterstützen. Beide Zeichen bringen ein bedeutendes Ego mit und verstehen es, das Leben am Genick zu packen und ihm einen eigenen Stempel aufzudrücken. Dieses Paar hat ganz klar einen wetteifernden Zug, und daher gibt es wahrscheinlich einige Streitigkeiten.

Spaß und Spiel begleiten diese Beziehung, und man wird feststellen, daß beide Zeichen sich gern amüsieren. Bequemlichkeit und Sicherheit stehen am Ende der Prioritätenliste, obwohl die Ratte und der Affe ein schönes Heim mit einem soliden Fundament schaffen können, denn beide erfreuen sich guter Verdienstkraft und zögern nicht, etwas hinzublättern, wenn es zu ihrem gemeinsamen Vorteil ist. Nichtsdestotrotz könnte es bei diesem Gespann gelegentlich ein Feuerwerk geben.

Ratte trifft Hahn

Dies ist eine verwirrende Möglichkeit, wenn auch vielleicht gar nicht so schlecht. Es stimmt, daß die Ratte es nicht mag, wenn man an ihr herumnörgelt, und man muß fairerweise gestehen, daß der Hahn der beste Nörgler von allen ist. Das ist nicht notwendigerweise eine schlechte Sache, da die kapriziöse Ratte auf sanfte Überredung oft gut anspricht. Der Hahn sucht etwas, dem er sich widmen kann, und der Versuch, eine typische Ratte zu organisieren, ist für jeden eine Lebensaufgabe. Die Ratte stellt ihrerseits fest, daß sie sich um bestimmte Grundlagen des Lebens, für die sie weder Zeit noch Neigung hat, nicht sorgen muß. Wenn im Ergebnis beide Parteien bekommen, wonach sie suchen, ist der Kreis der Bedürfnisse geschlossen, und dieses Paar könnte glücklich werden.

Ratte trifft Hund

Die Hund-Geborenen sind allgemein so umgänglich, daß sie mit fast jedem anderen Zeichen des chinesischen Zoos glücklich zusammenleben, wenngleich sich diese nicht als eine der besten möglichen Kombinationen herausstellen könnte – ganz zu schweigen davon, daß sie eine lebhafte Wechselwirkung hervorruft und sich hier gleichgesinnte Geister begegnen. Dies wäre sicher keine Beziehung, die in erster Linie im körperlichen Bereich gründet – obwohl, wenn man an die ausgeprägte Vorstellungskraft beider Zeichen denkt, könnte dieser Aspekt ihr Liebesleben recht spannend gestalten. Beide machen sich Gedanken und inspirieren sich gegenseitig mit nützlichen Ideen. Eine erfrischende Kombination, wenngleich es ihr an Stabilität fehlt.

Ratte trifft Schwein

Auf den ersten Blick mag es scheinen, als hätten diese Individuen nicht sehr viel gemeinsam, und ein zweiter Blick könnte den Verdacht lediglich bestätigen. Die Ratte mit ihrer Oberflächlichkeit und das Schwein, für das Intensität ein Lebensstil ist, sind im Leben auf sehr verschiedene Dinge erpicht. Nicht, daß sie es unmöglich finden, sich gegebenenfalls auf annehmbare Weise gemeinsam durchzuschlagen. Es ist jedoch wahrscheinlicher, daß sie sich von vornherein niemals zueinander hingezogen fühlen, wenigstens nicht im persönlichen Sinne. Die Ratte hätte immer das Gefühl, daß das Schwein im Reiche lebt, das sie nicht versteht, wohingegen das Schwein die Ratte wohl »überschlau« fände.

Büffel trifft Büffel

Wenn sich in dieser Welt jemals gleiche Pole anziehen, dann könnte sich diese als beste aller Beziehungen erweisen. Bis zu diesem fernen Tag muß man allerdings sagen, daß es zu viele Ähnlichkeiten gibt, um dies zu einem erfolgreichen Unternehmen zu machen. Das Heim, das von zwei Büffel-Geborenen bewohnt wird, ist hübsch und ordentlich. Streitigkeiten wären selten, und wahrscheinlich herrschte die meiste Zeit Frieden. Sollte dies ein bißchen wie das Paradies klingen, denken Sie daran, daß die meisten Menschen auch ein wenig Feuer in ihrem Leben brauchen – sogar der langsame und beständige Büffel. Diesen Esprit sucht er gewöhnlich in einem dynamischeren Partner.

Büffel trifft Tiger

Es besteht eine gute Chance, daß diese Kombination für beide Partner ausgesprochene Vorteile hat – nicht zuletzt, weil der Tiger eine gute Portion mehr Elan mitbringt als der Büffel, und da Büffel-Typen definitiv dynamischer sein möchten, als die Vorsehung sie zufällig gemacht hat, können sie beträchtlich gewinnen, wenn sie den originellen und ziemlich abenteuerlustigen Tiger zum Partner haben. Von der anderen Seite der Medaille betrachtet, springt der Tiger manchmal höher, als es gut für ihn ist, und spricht sehr gut auf den verläßlichen Büffel an, dem es nichts ausmacht, dafür zu sorgen, daß saubere Sachen zum Anziehen da sind!

Büffel trifft Hase

Hier treffen wir auf zwei der freundlichsten Menschen, die man sich vorstellen kann. Sie verbringen ihre Zeit wie einen Monat voller Sonntage, allerdings besteht die Aussicht, daß sie sich miteinander zu Tode langweilen. Das Problem liegt darin, daß sowohl der Büffel als auch der Hase im Grunde stille Menschen sind, die nicht zu Ausgelassenheit neigen und glücklich sind, wenn sie die meiste Zeit zu Hause bleiben können. Beide Parteien kümmern sich um die Grundlagen, und das Heim, das der Büffel und der Hase aufbauen, ist gemütlich und warm. Ein kritischer Punkt könnte auftauchen, wenn es um den sturen Zug geht, den der Büffel besitzt, was der Hase, der tendenziell viel flexibler und im allgemeinen glücklich ist, mit dem Strom zu schwimmen, nicht so leicht verstehen mag. Was die Persönlichkeit betrifft, so gibt es wenig auf der Welt, was diese beiden trennen kann, und das Gespann könnte schlicht funktionieren.

Büffel trifft Drache

Auf den ersten Blick mag es scheinen, als hätten wir hier eine perfekte Kombination. Schließlich kann die von Natur aus ruhige Art des Büffels als perfekter Ausgleich für den flatterhafteren Drachen betrachtet werden. In gewisser Weise stimmt das, aber man sollte auch bedenken, daß der Drache sowohl Situationen als auch Menschen anschieben will! Hierin liegt das Grundproblem, denn der gelassene Büffel wird sich nicht einen Zentimeter weiter bewegen, als er gehen will. Hinzu kommt ein sturer Zug, der im ganzen chinesischen Zoo nicht seinesgleichen findet. Nichtsdestotrotz kann dieses Gespann nicht als nutzlos für beide Parteien von der Hand gewiesen werden. Da beide gute und harte Arbeiter sind, wird diese Vereinigung gewöhnlich von bedeutendem materiellen Erfolg begleitet.

Büffel trifft Schlange

Dies ist ohne Zweifel eine gute und im allgemeinen glückliche Verbindung. Zwar mag dem Leben in diesem Haushalt ein wenig der Funke fehlen, jedenfalls vom Standpunkt geselligerer Typen aus betrachtet, aber andererseits suchen weder Büffel noch Schlange nach allzuviel Aufregung. Beide sind glücklich damit, hart zu arbeiten, wenn die Umstände es erfordern; obwohl die Schlange und der Büffel mit genauso hoher Wahrscheinlichkeit zusammen im Garten liegen und Sonne tanken können. Familienthemen sind ihnen wichtig, und die Verbindung wird von echter Liebe begleitet. Vorsicht vor einem beiderseitigen sturen Zug!

Büffel trifft Pferd

Die klassische Astrologie argumentiert gegen diese Kombination, dennoch können die beiden ihre Gegensätze in ein sehr gut funktionierendes Team einfließen lassen.

Es stimmt, daß der Büffel einen Großteil der Zeit seinen Kopf durchsetzen will, aber er ist tendenziell auch sehr empfänglich für Schmeicheleien, was wiederum das Pferd zufällig gut beherrscht. Wenn irgendein Individuum das meiste aus dem Büffel herausholen kann, ist es sicher das fröhliche, unbekümmerte Pferd, welches es nicht im mindesten stört, daß sein Partner nicht so übersprudelnd oder lustig ist. Warum? Weil das letzte, was ein Pferd sucht, ein Konkurrent ist. Inzwischen versorgt der Büffel die Wäsche und hält das Haus in Ordnung, und sein Pferd-Partner sagt ihm ständig, wie wundervoll er ist. Warum sollte er es auch nicht tun? Es stimmt wahrscheinlich!

Büffel trifft Ziege

Diese Vereinigung würde innerhalb der Mauern eines Klosters sehr gut funktionieren, besonders, wenn es ein kontemplativer Orden wäre. Beide Parteien sind von Natur aus still und neigen nicht dazu, ihre Gedanken zu äußern, jedenfalls nicht, wenn sie nicht stark dazu provoziert werden. Die Ziege ist ein sehr sensibles Wesen und könnte die leicht schroffe Art des Büffels nicht freundlich aufnehmen, besonders, wenn die Dinge nicht so laufen, wie sie es wünscht. Dies ist jedoch kein völlig hoffnungsloser Fall, und das einzige wirkliche Problem besteht wahrscheinlich in einem Mangel an Interesse an richtiger Aufregung im Leben. Dieses Paar gewinnt wahrscheinlich keinen Disco-Tanzwettbewerb und durchstreift auch nicht zusammen Afrika. Es besteht eine viel größere Wahrscheinlichkeit, daß sie zu Hause bleiben und die Küche neu dekorieren – wieder einmal!

Büffel trifft Affe

Hier entwickelt sich eine sehr gute Freundschaft, aber dies könnte eine Million Meilen von einer romantischen Bindung der lebenslangen Art entfernt sein. Natürlich gibt es Ausnahmen, die jede Regel bestätigen, und es kann sein, daß gerade hier ein Verständnis vorhanden ist, das auf eine bestimmte Art von Glück schließen läßt. Der Affe ist von Natur aus ein energischer Typ und kann gelegentlich gegen die Unbeweglichkeit des Büffels antreten, obwohl auch diese ein versteckter Segen sein könnte, da der Affe sich nicht wirklich für Leute interessiert, die ihn ständig gewähren lassen. Alles in allem müssen wir diese Vereinigung als definitive Möglichkeit betrachten.

Büffel trifft Hahn

Wenn Sie vorhaben, dieses Paar zu Hause zu besuchen, achten Sie darauf, Ihre Füße abzutreten, und kommen Sie nicht auf den Gedanken, Krümel auf den Teppich fallen zu lassen. Dies ist wahrscheinlich die ordentlichste Verbindung der ganzen Menagerie. Das Büffel-Hahn-Paar ist in der Gesellschaft des anderen sehr glücklich und kreuzt kaum einmal die Klinge. Durch Beziehungen könnte im Gegenteil eine Art eingebaute Sterilität schimmern, besonders bei den Gelegenheiten, da keine Partei irgend etwas Besonderes zu bieten hat. Beide sind gut im Hausbau und darin, auf das Geld zu achten. Wenn es hier einen Mitteilenden gibt, ist es wahrscheinlich der Hahn. Manchmal mag es so scheinen, als fehle der Partnerschaft ein wenig die Richtung, da keines der Zeichen von Natur aus ein Führer ist. Beide Zeichen können viel Liebe geben.

Büffel trifft Hund

Tung Jen hält dies für ein potentiell gutes Gespann – hauptsächlich deshalb, weil der Hund anpassungsfähig genug ist, um auf die gemächliche Art des Büffels einzugehen. Dies ist aber keineswegs eine Einbahnstraße. Der Hund ist ein bezaubernder Charakter, wenn auch nicht gerade der praktischste Mensch, dem Sie je begegnen werden. Der Büffel ist ein geborener Organisator und liebt es, für andere verantwortlich zu sein, und obwohl er den Hund ständig ins Gebet nimmt, weil dieser in mancher Hinsicht ein solch hoffnungsloser Fall ist, tut er es mit Liebe und einem boshaften Lächeln. Der Büffel wünscht sich nichts sehnlicher, als gebraucht zu werden, und der sorglose Hund findet hier eine solide Basis, auf der er seine Träume und Ideale aufbauen kann. Wenn Büffel und Hund zueinander finden, entsteht eine hoffnungsvolle, warme und ehrliche Beziehung.

Büffel trifft Schwein

Bestimmte Verbindungen bringen in manchen Zeichen besondere Betonungen zum Vorschein – das trifft besonders dann zu,
wenn beide Partner dieselbe Eigenschaft besitzen. Daher macht
Sinnlichkeit einen großen Teil dieser Verbindung aus. Essen,
schlafen, baden und lieben sind in diesem Haushalt sehr wichtig, und es entsteht oft ein Wettbewerb daraus, wer das meiste
von jedem schafft! Im Hinblick auf die Ernährung wäre dieses
Paar natürlich unglücklich, wenn man es auf Diät setzte, und
beide Zeichen sehnen sich sehr nach Luxus und bewundern
ihn. In praktischer Hinsicht könnte dies eine vernünftige, gute
Verbindung sein.

Tiger trifft Tiger

Welche ungewöhnliche Beziehung ist hier im Entstehen! Obwohl er im allgemeinen der Welt als sehr selbstgewiß erscheint,
hat der Tiger eigentlich keine Ahnung, wo er herkommt und
wo er hingeht – möglicherweise wissen es zwei Tiger auch
nicht, oder es interessiert sie nicht sonderlich. Obwohl er gesellig und charmant ist, neigt der Tiger dazu, allein umherzustrei-
fen und schweigt oft in seiner Exzentrizität. Das gibt um so
mehr Grund zu der Vermutung, daß der Haushalt zweier Tiger
auf den unvorbereiteten Außenstehenden merkwürdig wirkt
und schwer zu begreifen ist. Dieses Paar kann sich eine Hütte
auf einer Dschungellichtung bauen, ein Haus besetzen oder in
einer Kommune leben. Sie werden wahrscheinlich Kinder haben,
die genauso originell sind wie sie, und immer glücklich sein.

Tiger trifft Hase

Dies könnte sich in verschiedener Hinsicht als leidlich gutes Gespann herausstellen, besonders, da sowohl der Tiger als auch der Hase auf ihre eigene, sehr unterschiedliche Weise überaus verständnisvoll sind. Für die arme Hasen-Persönlichkeit könnten jedoch ein oder zwei Probleme auftauchen, da dieses Zeichen wissen muß, wo es in einer Beziehung steht – und dies ist immer schwierig, wenn man mit dem sehr wechselhaften Tiger lebt. Hasen sind jedoch ziemlich intuitiv, und man kann sich gewöhnlich darauf verlassen, daß sie auf Naturen, die radikal anders als ihre eigene sind, Rücksicht nehmen. Auf den Tiger trifft das nicht immer zu, obwohl der Tiger – wenigstens die meiste Zeit – in diesem Gespann die Führung übernehmen würde.

Tiger trifft Drache

Hier haben wir zwei Geschöpfe, die für ihre Krallen berühmt sind, auch wenn diese Kriegswaffen im Falle des Tigers die meiste Zeit eingezogen sind. Es stimmt, daß der Drache gewöhnlich den Tiger sehr attraktiv findet, und dasselbe könnte umgekehrt zutreffen – wenigstens für eine Weile. Eine Konfrontation entsteht dadurch, daß es das natürliche Los des Drachen ist, sowohl Menschen als auch Situationen zu leiten. Dem durchschnittlichen Tiger, der grundsätzlich kommen und gehen will, wie es ihm paßt, gefällt das überhaupt nicht. Früher oder später werden hier die Funken fliegen!

Tiger trifft Schlange

Der Tiger ist im Grunde ein unbeschwerter Mensch, solange die Dinge so laufen, wie er es wünscht. Glücklicherweise ist die Schlange in dieser Hinsicht – trotz der Tatsache, daß die grundlegenden Naturen dieser Individuen radikal unterschiedlich sind – sehr ähnlich. Jeder von beiden kann flexibel sein, wenn auch wahrscheinlich nicht dem anderen gegenüber. Es ist alles eine Frage der Prinzipien. Solange der eine Partner den anderen Standpunkt als wertvoll und vernünftig akzeptiert, werden die gemeinsamen Angelegenheiten reibungslos laufen, und es wird ausreichend Spielraum für beide Wesen gewährt. Nur wenn es grundlegende Streitigkeiten gibt und einer von beiden auf seiner Ansicht beharrt, sogar noch das Monopol auf die Wahrheit anmeldet, entstehen fast unüberwindbare Fronten. Und wenn Tiger und Schlange nicht achtgeben, könnten sie den Rest ihrer Tage im Stellungskampf liegen.

Tiger trifft Pferd

In der klassischen chinesischen Astrologie wird diese Verbindung besonders günstig beurteilt. Der Tiger neigt, wenn er auch ruhiger ist als das Pferd, zu demselben positiven Blick aufs Leben und könnte sogar dem bereits aufregenden Treiben des Pferdes ein wenig zusätzliche Würze verleihen. Konfrontationen sind selten und liegen zeitlich weit auseinander, da sowohl Pferd als auch Tiger Situationen im wesentlichen auf dieselbe Art angehen. Sie führen ein aktives gesellschaftliches Leben, und die Kombination zweier so fröhlicher Charaktere verspricht sonnige und warme Aussichten und eine Intensität von Glück, welches sich auf den weiteren Familienkreis erstrecken dürfte. Obwohl das Heim beiden Charakteren wichtig ist, sind sie wahrscheinlich die meiste Zeit in der Öffentlichkeit unterwegs.

Tiger trifft Ziege

Die Ziege ist tendenziell ein zurückhaltendes Geschöpf, und obwohl es nicht schwer ist, sich für einen Tiger zu begeistern und er vordergründig gesellig wirken mag, verbirgt sich dahinter ein recht verhaltenes Wesen. Der Tiger arbeitet immer am besten, wenn er es mit einem anderen extravertierten Zeichen zu tun hat, und so könnte sich dies als ziemlich ruhiges Gespann erweisen. Die Ziege ist jedoch eine gute Hausfrau, unterhält andere gerne und heißt die originellen und sogar merkwürdigen Bekanntschaften, die ein Tiger mitbringt, willkommen. Da die Ziege emotional ausgerichtet ist und der Tiger intellektuell, finden wir hier zwei verschiedene Formen der Liebe.

Tiger trifft Affe

Hier geraten zwei polare Charaktere aneinander, obwohl man aufgrund der geltenden physikalischen Gesetze bedenken sollte, daß sich Gegensätze anziehen können. Dem Tiger fällt es ein wenig schwer, die kapriziöse und gelegentlich hochmütige Art des Affen zu verstehen, der oft eine im Grunde materialistische Sicht vom Leben einnimmt, die der des Tigers widerspricht. Affen sind jedoch einzigartig attraktive Menschen, und Tiger lieben Schönheit, in welcher Form auch immer sie daherkommt. Aufgrund dessen könnte eine spontane Anziehung vorhanden sein und mit einiger Anstrengung beider Seiten kann daraus eine tragfähige Beziehung entstehen. In seinen besseren Momenten kann der Affe dem Tiger mehr in den Hauptstrom des Lebens ziehen.

Tiger trifft Hahn

Hier wird sich jedes Problem an der Kommunikation festmachen, denn obwohl der Hahn eine Plaudertasche sein kann, zählt dieser Mensch nicht zum gesprächigsten Individuum in der Menagerie. Der Hahn beherrscht allerdings bestens das Nörgeln und da der Tiger selten zur richtigen Zeit am richtigen Ort ist, kann sich dies als Dorn im Auge des überaus anspruchsvollen Hahns erweisen. Den Tiger hingegen irritiert nur wenig, aber er kann es nicht ertragen, wenn man ihm vorschreibt, wo er sein soll und wann. Da auf beiden Seiten eine gewisse Sturheit vorhanden ist, wenn auch von verschiedener Art, könnten hier beträchtliche Kräfte auf ein unbewegliches Objekt treffen.

Tiger trifft Hund

Der Hund besitzt einen sehr glücklichen Charakter – unbeschwert, gesprächig und freundlich. All das sind Faktoren, die der gleichermaßen umgängliche Tiger wiedererkennt und schätzt. Vielleicht gibt es jedoch außerhalb des Himmels keine Perfektion, und in dieser Beziehung entdecken wir eine Tendenz, die Wahrheit zu verdrehen. Sowohl Hunde als auch Tiger neigen dazu, Dinge schleifen zu lassen, also könnten sie zusammen ein ziemlich aus den Fugen geratenes Leben führen. Nicht, daß dies ein größeres Problem darstellt, denn jeden Schlamassel, den sie zusammen anrichten, bereinigen sie mit genauso hoher Wahrscheinlichkeit auch gemeinsam.

Tiger trifft Schwein

Die Schwein-Geborenen sind im Grunde Genußmenschen – eine Tatsache, mit der jedes Tiger-Individuum schwer zurechtkommt. Zusätzlich neigen Schweine zu Unsicherheit, und ein Tiger-Gatte kann nur wenig beitragen, um diese Situation zu verändern. Wie sollte er auch, wenn der durchschnittliche Tiger selbst nicht weiß, was er in zehn Minuten tun wird – ganz zu schweigen davon, daß er seinen Partner darüber informieren kann! Dies bereitet dem Schwein natürlich Sorgen, und im Lauf der Zeit wächst sich dies zu einem Reizthema aus. Das Schwein wird trotz aller Schwierigkeiten um seiner emotionalen Zufriedenheit willen bemüht sein, die eher geistigen Bestrebungen und Höhenflüge des Tigers zu verstehen. In diesem Fall entsteht Glück aus absolutem Vertrauen auf beiden Seiten und durch mehr Flexibilität des Schweins.

Hase trifft Hase

Dieses Gespann wurde im Himmel zusammengeführt! Unglücklicherweise leben wir nicht in diesen Gefilden. Dieses Paar besitzt große Sensibilität, aber es ist zu bezweifeln, daß sie jemals irgend etwas Praktisches zustande bringen. Sie haben viel Verständnis füreinander, aber das Hase-Wesen gründet so tief, daß das Leben für beide Partner dem Schwimmen in einem bodenlosen See gleichen könnte. Die Qualität der Liebe zwischen zwei Hasen wird für jeden Beobachter in jeder Facette des Lebens offensichtlich, so daß dies alles in allem entweder die potentiell idealste Beziehung oder aber die schwierigste ist. Es mangelt ein wenig an Persönlichkeit und Spontaneität.

Hase trifft Drache

Der Drache kann ein furchterregendes Tier sein und wird den scheuen Hasen schon einschüchtern, ohne es überhaupt zu beabsichtigen. Dort unten in der Höhle liegt jedoch großes Verständnis, und der typische Hase findet an fast jedem etwas, das er lieben kann, sogar bei dem dynamischen Drachen. Der Drache neigt dazu, einen beschützenden Arm um seinen Hasen-Gefährten zu legen, und in einigen Fällen fördert dies eine lebenslange Bindung von großer Intensität. Vom praktischen Standpunkt aus übernimmt ganz offensichtlich der Drache die Führung.

Hase trifft Schlange

Diese Individuen könnten ziemlich glücklich miteinander werden – wenn auch nur deshalb, weil sie so niedrige Ansprüche an den anderen stellen. Das mag nicht gerade das beste Rezept für Dynamik oder praktischen Erfolg im Leben sein, sollte aber ein friedliches häusliches Leben mit viel Entspannung und nicht wenig Sinnlichkeit ergeben. Die beste Welt, in der die Schlange und der Hase zusammenleben könnten, wäre wahrscheinlich eine, in der es möglich ist, sich mit ein wenig Entschlossenheit – an denen es beiden Zeichen gelegentlich fehlt – stetig in Richtung der gemeinsamen Ziele zu bewegen. Äußere Einflüsse sind sehr wichtig, und dazu sollten sich idealerweise Originalität und körperliche Aktivität gesellen. Die Schlange neigt mehr als der Hase von ihrer Natur her zu ausgedehnten Ruhezeiten, obwohl beiden durchaus ein Kompromiß möglich sein sollte.

Hase trifft Pferd

Bei dieser Kombination wurde beträchtlicher Erfolg festgestellt. Das gesellige Pferd bildet ein ideales Gegenstück zu dem
sensibleren und im allgemeinen ruhigen Hasen. Dennoch sollte
man sich daran erinnern, daß man Hase-Menschen, obwohl sie
allgemein reserviert sind, auch dazu überreden kann, ins Freie
hinauszutreten, und niemand könnte das besser als der Pferd-
Mensch. Pferde sind im allgemeinen großzügig und ziemlich ermutigend, obwohl sie etwas ungeduldig werden können, wenn
der Hase den Erwartungen nicht schnell genug entspricht. Von
der anderen Seite des Zauns betrachtet, könnte der Hase zu
Ängstlichkeit neigen – besonders bei den Gelegenheiten, wenn
sein Pferd-Gefährte um drei Uhr morgens immer noch nicht zu
Hause ist!

Hase trifft Ziege

Als Archetyp sollte diese Beziehung ideal sein. Beide Seiten sind
emotional und häuslich. Sie geben einander viel Liebe und Verständnis, wenn es auch vielleicht an Originalität mangelt. Das
Leben könnte ein wenig zu bequem und langweilig werden,
wenn die materiellen Ziele erreicht und abgedeckt sind. Es ist
sowohl für den Hasen als auch für die Ziege wichtig, sich gegenüber der Welt insgesamt so teuer wie möglich zu verkaufen
und im Hauptstrom der gesellschaftlichen Ereignisse zu bleiben. Es zeigen sich wenige Interessenkonflikte, und käme eine
Familie hinzu, wäre dies für beide Parteien gleichermaßen erfreulich.

Hase trifft Affe

Der Affe ist ein edelmütiges Wesen und verfolgt nicht die Absicht, den weniger starken Hasen zu verwirren, kann es jedoch vielleicht nicht vermeiden. Die meisten Hasen-Individuen verfügen allerdings über tiefe Intuition und verstehen, was den scheinbar stolzen und gelegentlich sogar arroganten Affen in Wahrheit motiviert. Einmal etabliert, könnte ein tiefes Verständnis entstehen, dem die Liebe bald nachfolgt. Mit den praktischen, weltlichen Dingen des Lebens muß man sich befassen. In diesem Fall nimmt dies wahrscheinlich eher der Hase wahr, obwohl der Affe-Mensch ein harter Arbeiter ist und gut zu den Familienfinanzen beitragen kann, die einigermaßen solide sein sollten. Beträchtliches Glück und gute Vorausschau begleiten diese beiden Zeichen.

Hase trifft Hahn

Die meiste Zeit bewohnen diese beiden Tiere völlig verschiedene Bereiche des Bauernhofes, denn obwohl beide von Natur aus allgemein reserviert sind, neigt der Hahn zu großspurigem Auftreten und kann sehr eigensinnig sein. Nichts könnte die friedliche Existenz des Hasen mehr stören, als ständig an seine Unzulänglichkeiten erinnert zu werden, und da der Hahn kaum umhin kann, sie zu bemerken, auch wenn sie nur in seinem Kopf existieren, wird er selbstverständlich darüber sprechen. Sogar Hase-Menschen haben ihre Grenzen, und das könnte hier langfristig zu Feuerwerk führen. Materiell gesehen besitzt die Beziehung eine gute Basis, und wahrscheinlich schaffen beide Seiten auf umsichtige Art Ressourcen.

Hase trifft Hund

Hier sind die Aussichten wirklich sehr gut. Die Freundlichkeit, die dem Hase-Wesen so im Blut liegt, wird von dem treuen und fürsorglichen Hund erwidert. Es kann eine spontane Verbindung entstehen, auf die wahrscheinlich aufgebaut wird, wenn die beiden sich näher kennenlernen. Konversation wäre kaum ein Problem, da der Hund nicht so geartet ist, die zeitweise schwachen Neigungen des Hasen zu unterdrücken, so daß dieser hier seine eigenen Meinungen und Ideen auszusprechen wagt. Keines der beiden Zeichen ist besonders konventionell, daher ist eine originelle Beziehung mit einer Vorliebe für Reisen zu erwarten.

Hase trifft Schwein

Hier finden wir ausgeprägte Zuneigung und tiefes Verständnis, das eine extrem gute Prognose für diese Beziehung erlaubt. Es ist für einige Zeichen besonders schwer, mit dem Schwein zurechtzukommen, das auf der einen Seite eigensinnig und auf der anderen Seite sehr sensibel sein kann. Es liegt dem umgänglichen Hasen im Blut, mit dieser Situation klarzukommen, und der emotionale Gehalt dieser Beziehung ist extrem hoch. Da beide Individuen in ähnlicher Weise aufs Leben schauen, sollte es wenig Streit in langen Abständen geben, wenn man auch unterstellen könnte, daß das Schwein den Hasen wahrscheinlich nicht so gut versteht, da Schwein-Typen von Natur aus in erster Linie eher selbstsüchtig sind. Die grundlegende Motivation liegt für beide in einer Familie und einem Heim.

Drache trifft Drache

Das ist eine ausgezeichnete Kombination, denn ein Drache kann einem in einer Beziehung ganz schön zu schaffen machen – von zweien ganz zu schweigen. Mit Sicherheit finden wir hier Dynamik und großen Unternehmungsgeist; und da ähnliche Pole sich oft abstoßen, kann es gelegentlich auch ein bis zwei Feuerwerke geben. Vielseitigkeit ist das Schlüsselwort, solange beide Parteien nicht ständig versuchen, einander auszustechen. Zwei Drachen in einer gemeinsamen Beziehung ergeben gewöhnlich eine geschäftige Partnerschaft, bei der beide Parteien bereit und fähig sind, zu dem umfassenden Erfolg beizutragen, der allgemein zu erwarten ist. An Selbstvertrauen mangelt es nicht, und wenn sich zwei Drachen begegnen, riecht es gewöhnlich nach Erfolg.

Drache trifft Schlange

Der Drache und die Schlange können eine ziemlich gut funktionierende Partnerschaft bilden, solange jeder die grundlegende Natur und die Unzulänglichkeiten des anderen kennt. Da der Drache reine Aktivität ist, wohingegen die Schlange nichts dagegen hat, hin und wieder in der Sonne auszuruhen, könnte ein leichter Konflikt darüber entstehen, was zum gegebenen Zeitpunkt als nächstes auf der Tagesordnung steht. Dies sollte jedoch mit ein wenig Überlegung auf beiden Seiten leicht überwunden werden. Die Schlange ist ein sorgfältiger Planer, und wer könnte ein Projekt, über das sie lange und angestrengt nachgedacht hat, besser umsetzen als der dynamische Drache? In persönlichen Beziehungen mag es jedoch ganz anders aussehen, da beide Zeichen dazu neigen, auf ihre eigene Art stur zu sein.

Drache trifft Pferd

Hier dürfte es wenige echte Hindernisse auf dem Weg zum Erfolg geben, besonders, da das Pferd dazu neigt, auf andere Rücksicht zu nehmen, und mit seinem Charme nötigenfalls Berge versetzen kann. Dies ist eine aktive und schwungvolle Beziehung, in der immer etwas los ist. Eine gute Mischung, sowohl auf geistiger als auch auf persönlicher Ebene, und die gesellschaftlichen Voraussetzungen für die Zusammenarbeit dieser beiden Zeichen sind wirklich sehr erfreulich. Sowohl Drache als auch Pferd strahlen Selbstvertrauen aus, wenngleich das Pferd manchmal weniger selbstbewußt ist, als es scheint. Hier kann der Drache aushelfen.

Drache trifft Ziege

Dieses Gespann hängt zum großen Teil vom Wesen des an der Beziehung beteiligten Ziege-Menschen ab. Viele Ziegen sind glücklich, wenn sie einen beschützenden Arm um ihre Schultern wissen. In diesem Fall besteht jede Chance auf Erfolg, da der Drache immer bereit ist, diese Mühe auf sich zu nehmen. Der Drache ist auch glücklich, wenn er weiß, daß ihn daheim jemand erwartet – ein Individuum, das solide und verläßlich ist und zu Hause mehr Verantwortung übernimmt, als der Drache will oder kann. Ziegen lieben es zu gefallen und haben gewöhnlich nichts gegen ein Zusammenleben mit einem dominanteren Typ, solange sie nicht mit einem Tyrann leben müssen, was sie nicht tolerieren werden.

Drache trifft Affe

Hier begegnen wir zwei Individuen mit einer Menge Gemeinsamkeiten. Beide sind von Natur aus feurig, also fliegen fast mit Sicherheit gelegentlich die Funken. Allerdings respektieren Affe und Drache einander, und stehen jeder für sich selbst gerade, beiden fällt es nicht schwer, zu vergeben und zu vergessen. Mit einer draufgängerischen Haltung zum Leben von beiden Seiten gibt es in diesem Haushalt kaum einen langweiligen Augenblick. Materieller Erfolg ist möglich, obwohl beide Zeichen dazu neigen, zu viele Risiken einzugehen, daher könnte das Leben gelegentlich ein wenig unsicher sein.

Drache trifft Hahn

Es gibt Gelegenheiten, bei denen der Drache zu Höhenflügen neigt und mehr Risiken eingeht, als gut für ihn sind, wie dynamisch er auch veranlagt sein mag. Wenn Schwung und Enthusiasmus, sorgfältige Planung und eine stetige Annäherung ans Leben als gute Basis wert sind, eine Beziehung in Betracht zu ziehen, dann finden wir hier ein ideales Gespann. Der Hahn ist ein vorsichtiger Mensch, wenn er auch nichts gegen Erfolg oder materiellen Gewinn einzuwenden hat. Im Planungsstadium jedes Projektes ist es ratsam, einen Hahn hinzuzuziehen, und dieser gerissene Vogel kann lange und hart arbeiten, um seine Ziele zu erreichen. Der Drache respektiert diese Haltung zum Leben, auch wenn er selbst es ganz anders betrachtet. In diesem Haushalt sollte es möglich sein, den Frieden zu erhalten, solange der Hahn es schafft, sein gelegentliches Nörgeln zu bremsen.

Drache trifft Hund

Der Hund ist wahrscheinlich der flexibelste Charakter im chinesischen Tierkreis, und doch haben wir hier ein Duo, das höchstwahrscheinlich nicht gut funktioniert. Warum? Nun, zunächst einmal, weil diese Zeichen astrologische Oppositionen sind, obwohl dies nicht das eigentliche Problem ist. Die Ursache mag vielmehr darin liegen, daß der Drache wahrhaft daran interessiert ist, im Leben Erfolg zu haben, wohingegen der gelassene Hund die Sache völlig anders angeht. Es ist auch so, daß der Drache in einer Beziehung jemanden braucht, auf den er sich verlassen kann, was nicht allzu gut funktionieren dürfte, wenn der Hund die fragliche Person ist. Hund-Individuen denken oft irrational, und das kann einen Drachen wirklich verärgern.

Drache trifft Schwein

Bei der ersten Betrachtung scheinen hier hinsichtlich der Grundnaturen Gegensätze aufeinanderzuprallen. Dennoch ist es nicht ganz unmöglich, daß in dieser Beziehung ein echter Austausch geschaffen werden kann, wenn beide Seiten ein wenig Zeit und viel Verständnis mitbringen. Im Falle des sensiblen Schweins ruht hinter der Fassade große Kraft – eine Tatsache, die der Drache wahrscheinlich instinktiv versteht. Der Drache kann auch erkennen, daß man ein Schwein nur bis zu einem bestimmten Punkt unter Druck setzen darf. Im Gegenzug bietet das Schwein große Loyalität und könnte eine angenehme Alternative zum vollen beruflichen Terminkalender des Drachen darstellen.

Schlange trifft Schlange

Zunächst mag es scheinen, als geschehe in dieser Beziehung sehr wenig. Schließlich ist die Schlange ein sehr zurückhaltender Typ, nicht prahlerisch, wenn auch vielleicht ein wenig eitel, und zwei Schlangen im selben Haushalt verärgern die Nachbarn höchstwahrscheinlich nicht. Nichtsdestotrotz können sie auf ihre langsame und beständige Art sehr gut arbeiten und Dinge vernünftig durchsprechen. Die Verwirrung könnte minimal sein, und das bedeutet, daß ein geordnetes Leben möglich ist, was sowohl Schlange A als auch Schlange B sehr schätzen. Wenn es um Freizeit oder Ferien geht, werden Sie dieses Paar im Garten oder am Strand finden, weil Schlangen es lieben, an der frischen Luft zu sein. Dies ist ein gutes Gespann, wenn auch sehr penibel.

Schlange trifft Pferd

Nichts ist unmöglich, und so ist es auch wahrscheinlich, daß diese Charaktere einen Weg finden werden, glücklich zusammenzuleben, auch wenn die Zeichen astrologisch dagegenstehen. Das Hauptproblem liegt in ihrer sehr unterschiedlichen Herangehensweise ans Leben. Die Schlange bleibt gern zu Hause, findet es unmöglich, irgend etwas zu übereilen und nähert sich dem Leben auf ziemlich langsame und vorsichtige Weise, wohingegen der Pferd-Mensch in jeder Hinsicht genau das Gegenteil ist. Die natürliche Neigung, daß bestimmte Typen überhaupt zusammenkommen, könnte eine solche Begegnung auf romantischer Ebene ausschließen. Wenn nicht, ist beiderseits ein gutes Stück Arbeit notwendig, um den unvermeidlichen Abgrund zu überbrücken.

Schlange trifft Ziege

Eine durchschnittliche Verbindung, die Ziege und die Schlange. Warum? Wahrscheinlich, weil beide Zeichen tatsächlich den Zündstoff eines dynamischeren Charakters brauchen, um sich wirklich auszudrücken. Sie können zwar als gutes Team ein bequemes Heim und auch eine Zukunft aufbauen, das ist richtig. Es besteht jedoch die Möglichkeit, daß sie ein ziemlich zurückhaltendes Leben führen und nicht die Art Paar sind, das Risiken irgendwelcher Art eingeht. Auf persönlicher Ebene haben wir hier eine gute Portion Liebe, aber vielleicht wenig Abenteuer.

Schlange trifft Affe

Man gewinnt leicht den Eindruck, als sei die Schlange trotz all ihres natürlichen Charmes und ihrer Freundlichkeit keine Person, die mit anderen chinesischen Zeichen sehr leicht zurechtkommt. Natürlich mag dies nicht die potentiell beste Beziehung sein. Affe-Typen sind Draufgänger und brauchen das Gefühl, daß immer etwas in der Nähe ist, auf das sie sich stürzen können. Sie lieben Herausforderungen und gehen mit Begeisterung Risiken ein, wenn die Chancen auch nur einigermaßen gut stehen. Das kann man von den Menschen, die unter dem Zeichen der Schlange geboren wurden, nicht behaupten. Hier beobachten wir eine langsamere und nachdenklichere Annäherung ans Leben. Das Geld wird tendenziell jahrein, jahraus verdient, sorgfältig weggeschlossen und weise ausgegeben. Beide Zeichen schätzen ein gesellschaftlich eingebettetes Leben, und es ist möglich, daß hier die rettende Tugend der Beziehung liegt. Der Affe ist genauso loyal wie die Schlange, ein weiterer starker Pluspunkt für die beiden.

Schlange trifft Hahn

Aus diesem Paar leuchtet das Potential für Erfolg. Der Hahn und die Schlange akzeptieren die Notwendigkeiten des Lebens und ergänzen sich in der Frage, wie sie diese am besten erreichen können. Beide Zeichen besitzen eine erdige Ehrlichkeit und ein Verständnis dafür, wie die Dinge wirklich sind, und dies könnte das Kennzeichen einer glücklichen Verbindung sein. Sicherheit ist hier das Wichtigste, und der Hahn kann im Gegensatz zu anderen Zeichen darauf vertrauen, daß ein Schlange-Gatte hilft, die Brötchen zu verdienen. Die Schlange und der Hahn hegen ähnliche Ideen bezüglich Erholung, Ferien und allgemeinen Interessen. Sie teilen auch dieselben Standards, wenn es um den Aufbau einer Familie geht.

Schlange trifft Hund

Es fällt fast jedem Zeichen schwer, an dem diplomatischen und unbeschwerten Hund etwas auszusetzen zu finden, und die Schlange gerät grundsätzlich nur zu bereitwillig unter seinen hypnotischen Bann. Einige Einstellungen des Hundes zum Leben können für den Schlange-Menschen, der es vorzieht, Kenntnis über alle Beweggründe zu besitzen, ziemlich lästig sein. Auf den Hund, der dazu neigt, die Geschichte beim Gehen zu erfinden, trifft dies wirklich nicht zu. Zwischen diesen beiden herrscht genügend allgemeines Verständnis, um solche Überlegungen beiseite zu schieben, obwohl Aspekte davon in Streitereien auftauchen könnten. Die Schlange ist definitiv die Kraft hinter jedem Thron!

Schlange trifft Schwein

In diesem Fall bleibt man mit dem Gefühl zurück, daß zwischen der Schlange und dem Schwein ein klarer Mangel an nützlicher Kommunikation herrscht, was die beiden auf eine schlechte Grundlage stellen könnte. Einige Autoritäten sehen dies als schwieriges und glanzloses Gespann, und es stimmt, daß weder die Schlange noch das Schwein in einer isolierten Situation ihr Bestes geben – was der Fall sein könnte, wenn beide ihrem Zeichen treu bleiben. Es ist merkwürdig genug, daß sowohl die Schlange als auch das Schwein in der richtigen Gesellschaft ziemlich gesprächig sein können, wenn auch wahrscheinlich nicht miteinander. Man muß sich daran erinnern, daß diese Zeichen, astrologisch gesprochen, Oppositionen sind und ihre Sicht des Lebens daher, auch wenn sie dem Außenseiter sehr ähnlich erscheinen, tatsächlich sehr verschieden ist.

Pferd trifft Pferd

Dies ist ein interessantes und reaktives Paar. Wie bei allen Verbindungen desselben Zeichens haben zwei Pferd-Typen viel gemeinsam. Dies führt jedoch nicht immer zu einer harmonischen Situation, da Pferd-Individuen im Zentrum der Aufmerksamkeit stehen müssen und sich gelegentlich überschattet fühlen könnten. Beide Parteien lieben das Leben und wollen Dinge in Gang bringen, und in diesem Bereich findet man sie oft zusammen draußen in der großen Welt, wo sie das Leben zu einem Spaß für sich und jeden um sie herum machen. Die persönliche Seite dieser Beziehung könnte sich als problematisch erweisen, da Pferde nicht die beständigsten Liebhaber sind.

Pferd trifft Ziege

Es ist nicht ungewöhnlich, Pferd-Individuen zu finden, die sich zu jenen hingezogen fühlen, die unter dem Zeichen der Ziege geboren wurden, und oft leben sie auch mit ihnen. Hier gibt es auf beiden Seiten gute Kompromisse, und die wesentlichen Unterschiede im Wesen schmeicheln einander tendenziell. Obwohl das Pferd gesellig, extravertiert, gesprächig und ziemlich unberechenbar ist, kompensiert die beständige und stetige Ziege das, indem sie bei vielen Gelegenheiten ruhig bleibt und bereit ist, einen nachgeordneten Platz einzunehmen. Dies wird jedoch nicht immer der Fall sein, da die Ziege gelegentlich eigensinnig sein kann und das Pferd nur bis zu einem bestimmten Punkt gehen läßt.

Pferd trifft Affe

Dies wird im allgemeinen nicht als wunderbares Gespann betrachtet. Das grundlegende Problem liegt offenbar darin, daß sowohl Pferd als auch Affe auf ihre eigene, unterschiedliche Art im Zentrum der Aufmerksamkeit stehen wollen. Im Falle des Affen bedeutet dies, daß er das Sagen haben will – aber versuchen Sie einfach mal, einen wilden Mustang einzufangen und zu dressieren, und Sie werden verstehen, warum ein Pferd-Individuum schwierig anzubinden ist. Mit Sicherheit frustriert dies den Affen, der außerdem Kontinuität verlangt und erwartet, daß Situationen von einem Tag zum anderen tatsächlich dieselben bleiben. Wenn ein tiefes Verständnis aufgebaut werden kann, werden sowohl Glück als auch Erfolg folgen. Letztendlich mögen die Probleme jedoch eher die des Affen als die des Pferdes sein, und auch Streitigkeiten werden von seiten des Affen angezettelt.

Pferd trifft Hahn

Im allgemeinen wird man bei dieser Kombination einiges Verständnis finden, da zumindest westlichen Astrologen zufolge beide Zeichen von demselben Planeten beherrscht werden. Beide nutzen diesen Einfluß auf radikal andere Art, und obwohl im Grunde ein Mitteilungsbedürfnis besteht, ist es die Art des Pferdes, ein wenig über alles zu wissen, wohingegen der Hahn definitiv davon ausgeht, ein Experte zu sein. Hähne sind ziemlich pedantisch und sogar gelegentlich Arbeitstiere. Soweit hält die Symbolik stand, denn wer hat je von einem Geflügel gehört, das mit einem Hengst Schritt hält? Der Hahn wird jedoch stark versucht sein, das Pferd zu leiten, nur dessen Nachgiebigkeit wird es zu verdanken sein, freundlich auf diese Neigung zu reagieren.

Pferd trifft Hund

Höchstes Lob für dieses Zusammentreffen, da beide Zeichen zu demselben grundlegenden Typ gehören. Der Hund ist ein zutiefst zuvorkommendes Individuum und berücksichtigt mit größerer Wahrscheinlichkeit als irgendein anderes Zeichen des chinesischen Tierkreises das kapriziöse und veränderliche Wesen des Pferdes. Beide Zeichen stecken voller Spaß, also ist dies keine Stubenhocker-Beziehung, sondern eine, die die ganze Welt vor der Haustür einschließt. Sowohl Hund als auch Pferd können abenteuerlustig sein, und beide sind fähig – sowohl in der Natur als auch in bezug auf Menschen – lange und heftig zu rennen, ohne allzu sehr zu ermüden.

Pferd trifft Schwein

Hier könnte ein leichter Mangel an Verständnis herrschen, wahrscheinlich mehr von seiten des Schweins, einem beständigen und ziemlich fixierten Individuum, das sich mit dem geselligen Wesen und den manchmal albernen Mätzchen des Pferd-Individuums ein wenig unbehaglich fühlt. Natürlich sind auch Vorteile anzuführen: Das Pferd befindet sich in der guten Position, um dem eher unsicheren Schwein ein größeres Selbstvertrauen zu verleihen, und in dieser Kombination gibt es sicher eine persönliche Faszinationskraft, da viele Schweine einfach liebend gern die Kommunikationsfähigkeiten besäßen, derer sich das Pferd erfreut. Sexuelle Anziehung ist bei diesem Paar vorhanden, aber man sollte fairerweise unterstellen, daß das Schwein wahrscheinlich zuerst ermüdet, da es sich mehr Kontinuität wünscht, als das Pferd anbieten kann oder will. Im Bereich der persönlichen Beziehung könnten Probleme auftauchen.

Ziege trifft Ziege

Obwohl dies eine ruhige Geschichte ist, gibt es keinen Grund, warum zwei Ziegen nicht lange und glücklich zusammenleben sollten. Es ist wahr, daß sie auf ihre Umgebung keinen besonderen Eindruck machen werden, zumal sie auch nicht danach trachten. Diese Verbindung verspricht einen langsamen und stetigen Aufbau in Richtung auf die Ziele, die beide Seiten anstreben, sowie die Fähigkeit, sorgfältig für die Zukunft zu planen. Keiner von beiden hat zu Beginn einen voll ausgeprägten Charakter und vermutlich auch nicht das Selbstvertrauen, einen zu entwickeln, wie es der Fall wäre, wenn sie von einem dynamischeren chinesischen Zeichen angezogen würden. Es besteht jedoch viel beiderseitige Liebe und Vertrauen, eine geringe Wahrscheinlichkeit für Mißverständnisse und möglicherweise große Zufriedenheit.

Ziege trifft Affe

Obwohl Ziegen dazu neigen, still zu sein, und von Natur aus irgendwie ermüdend sind, kann man dieses Zeichen nicht zwingen, irgend etwas zu tun – und hierin liegt die potentielle Schwierigkeit, wenn Ziege und Affe aneinandergeraten. Affen müssen einfach die Leitung haben, sie können nicht anders, und neigen auch – ohne es zu merken – dazu, ihre Autorität besonders jenen Individuen aufzudrücken, die sie als weniger stark betrachten. Es scheint, als falle die Ziege in diese Kategorie, doch das wird mit ziemlicher Sicherheit nach einer Weile Ärger geben, denn alle Ziegen haben Hörner und können sich gut wehren, wenn sie dazu getrieben werden.

Ziege trifft Hahn

Das durchschnittliche Ziege-Individuum hat, wenngleich es willfährig und allgemein verständnisvoll ist, eine Vorliebe dafür, Dinge auf ihre eigene moderate Art zu erledigen. Das könnte dem Hahn nicht immer passen, der – obwohl ebenfalls zurückhaltend – auch dazu neigt, die Ziege in nicht geringem Umfang zu dirigieren. Launen und Schmollen können das Ergebnis sein, wenn eines der Individuen das Gefühl hat, daß seine eigene persönliche Entscheidung ignoriert wurde. Es trifft jedoch auch zu, daß man keinen stetigen Strom von Schimpfworten hören wird, und abgesehen vom gelegentlichen Gackern des Hahns mag in diesem Haushalt Frieden herrschen. Aufmerksamkeit fürs Detail ist beiden Zeichen wichtig, und daher ist das Zuhause makellos und hygienisch, wenn auch vielleicht ein wenig still. Eine gute Zeichenkombination, um materielle Werte zu schaffen und jede Gelegenheit wahrzunehmen, ihr gemeinsames Los im Leben zu verbessern.

Ziege trifft Hund

Sehr wenige Individuen neigen dazu, mit dem Hund zu streiten, obwohl die Ziege an diesem Zeichen mit genauso großer Wahrscheinlichkeit herumnörgelt wie an jedem anderen. Der Hauptgrund scheint die Gefahr von Persönlichkeitszusammenstößen zu sein, denn sogar die diplomatischen Fähigkeiten des Hundes kommen nicht immer mit dem tiefen Schweigen zurecht, zu dem die Ziege fähig ist. Im Grunde sind Ziegen Einzelgänger und wollen herumwandern, frei sein und tun können, was ihnen gefällt, auch wenn viele dieser Ausflüge rein geistiger Natur sind. Trotz all seines Zauderns ist der Hund ein Macher und könnte manchmal denken, die Ziege halte zu wenig Schritt. Das Verständnis ist jedoch auf beiden Seiten so groß, daß in diesem Fall kein Problem unüberwindbar ist.

Ziege trifft Schwein

Hier finden wir die Basis für ein harmonisches Miteinander. Die Emotionen sind bei beiden astrologischen Zeichen sehr ausgeprägt, wobei das Schwein im Hinblick auf latente Aggression und eine positive Herangehensweise ans Leben möglicherweise der Beherrschende ist. Dies heißt nicht, daß die Ziege ein Mitläufer ist. Dieses Paar kann Hand in Hand durch das Leben gehen und bei allen Unternehmungen großes Glück haben. Keiner würde einem Außenstehenden erlauben, den anderen zu kritisieren. Die beiden vertiefen ihre Bindung mit ihrer aufrechten Sorge und dem Engagement für die Umwelt.

Affe trifft Affe

Affe-Partner neigen gemeinsam dazu, den Sonnenschein des auffälligsten Zeichens zum Vorschein zu bringen, und obwohl gelegentlich eine gespannte Stimmung herrschen könnte, kann dieses Paar auch großes Glück ausstrahlen.

Der grundlegenden Beziehung wird ein ständiger Kampf darum zugrunde liegen, wer führt, wobei das Pendel einmal in die eine und dann in die andere Richtung schwingt. Solange sie diese Tatsache verstehen, sollte alles in Ordnung sein. Dies ist ein hervorragendes Arbeitsteam und ein Paar, das in weiten, offenen Räumen, Reisen, Veränderung und Abwechslung schwelgt. Intellektuelle Anregung ist genauso wichtig wie die Fähigkeit, sich weiterzuentwickeln und auf einer glücklichen Atmosphäre aufzubauen, die beide gemeinsam erhalten möchten. Am wichtigsten ist, daß sie in den meisten Situationen dasselbe Gefühl für den Sinn hinter den Dingen haben.

Affe trifft Hahn

Es fällt schwer, zu glauben, daß der Affe und der Hahn viel gemeinsam haben könnten, obwohl diese Beziehung häufig mit einzigartigem Erfolg ausprobiert wurde. Es ist für das Affe-Individuum wichtig, daß der Hahn sein großspuriges Hühnerhof-Gehabe in anderen Bereichen des Lebens auslebt und nicht als Mittel der Beziehungskritik einsetzt. Affen sind von Natur aus freier, neigen mehr zum Herumwandern und schwelgen in einer Form von Gespräch, das Hähne manchmal ein wenig unbedeutend finden. Die natürliche Fröhlichkeit des Affen ist jedoch von großem Nutzen, um den Hahn davon zu überzeugen, das Leben nicht ganz so ernst zu nehmen, wie er sich einbildet.

Affe trifft Hund

Der Erfolg oder Mißerfolg dieser besonderen Beziehung wird wahrscheinlich eher durch die Haltung und Meinungen des Hundes als von denen des Affen bestimmt. Da Affe-Wesen dazu neigen, ziemlich geradeaus zu sein und glücklich sind, wenn sie ihre Standpunkte in klare Worte fassen können, erfordert es die Diplomatie des Hundes, um Situationen auszugleichen. Beide Zeichen neigen dazu, das Leben fröhlich anzugehen, und man wird sicherlich Kompromisse bezüglich häuslicher Details und Familien-Arrangements finden. Hunde sind von Natur aus Wanderer und zeigen in Beziehungen wahrscheinlich nicht denselben Grad von Beständigkeit, wie es beim Affen der Fall ist.

Affe trifft Schwein

Schweine neigen dazu, die amourösen Qualitäten im Affen zum Vorschein zu bringen und auch als starker Fokus für die Energie, den Unternehmungsgeist und die Begeisterung zu dienen, zu denen der Affe fähig ist. Das Schwein bringt jedoch solche Intensität ins Leben, daß sogar der Affe mit seiner breiten Erfahrung in einer Art emotionalem Morast steckenbleiben kann, der seinem eigenen Wesen sehr zuwiderläuft. Persönlichkeitszusammenstöße sind möglich, auf die das Schwein mit Schweigen reagiert, das der Affe nur schwer oder gar nicht durchbrechen kann. Beide Seiten müssen die meiste Energie in diesen Aspekt der Problemklärung stecken, denn der Affe ist im Grunde ein Kommunikator, das Schwein jedoch nicht.

Hahn trifft Hahn

Wer diese Beziehung als Außenstehender beobachtet, gewinnt fast sicher den Eindruck, daß der Haushalt, den zwei Hähne aufbauen, nicht nur der sauberste und wohlgeordnetste, sondern wahrscheinlich auch der pedantischste ist. Es stimmt, daß Hähne, die sich im Grunde für wirklich ausgeglichene Typen halten, wahrscheinlich dasselbe über ein anderes Mitglied des Hühnerhofs denken, und dies könnte in gewisser Weise zu etwas poetischer Gerechtigkeit führen. Warum? Weil der durchschnittliche Hahn nur dadurch, daß er eine Zeitlang mit einem anderen der eigenen Art lebt, erfährt, wie es sein kann, der Partner eines solch sorgfältigen und überaufmerksamen Zeichens zu sein.

Hahn trifft Hund

Dies ist beim ersten Eindruck kein wundervolles Gespann, und die Gründe dafür sind ziemlich offensichtlich. Obwohl er allgemein eine gepflegte Person ist, befaßt sich der Hund wirklich nicht allzu sehr mit Äußerlichkeiten, was auf den Hahn natürlich nicht zutrifft. Der Hund möchte stets nach seinem Belieben kommen und gehen, wohingegen der Hahn in eine ziemlich unflexible Routine eingebunden sein muß, um sich wirklich wohl zu fühlen. Während sich der Hahn darin sonnt zu wissen, welcher Sinn hinter allem liegt, neigt der Hund dazu, sich auf einer oberflächlichen Meinung auszuruhen.

Wenn hier Erfolg möglich ist, entsteht er nur aus tiefem Verständnis und echter Nächstenliebe.

Hahn trifft Schwein

Trotz all ihrer Vorzüge und ungeachtet der wirklich guten Dinge, die die meisten Hähne in die Welt bringen, muß gesagt werden, daß sie einen irgendwie traditionellen Geschmack haben und es daher ziemlich unwahrscheinlich ist, daß dieser mit dem des Schweins korrespondiert. Das Schwein ist ein sinnlicher Typ, was bedeutet, daß die beiden Zeichen viel teilen. Die Wünsche von Hähnen sind jedoch ziemlich klinisch und haben eine Art unbarmherzige Logik, an der man nur sehr schwer einen Fehler finden kann. Das Schwein ist ein leidenschaftlicher Typ, dessen Wünsche einer viel tieferen Quelle entspringen, für die ihm jedoch sowohl das Wissen wie auch die Worte fehlen, um das zu erklären. Im schlimmsten Fall leben Hähne nach der Logik, wohingegen das Schwein in jeder Situation nur die Emotionen in Betracht zieht. Wenn es hier einen Treffpunkt gibt, kommt er wirklich nur mit der Zeit und einer bedeutenden Steigerung der Glaubwürdigkeit.

Hund trifft Hund

Diese Beziehung muß eine mehr als durchschnittliche Chance haben, wenn auch nur deshalb, weil Hund-Typen sich und andere nur zu gut verstehen. Dies ist ein Zeichen, das seine eigene Schwäche äußerst bereitwillig erkennt, also ist es kein Wunder, daß er einen anderen Hund mit einem gewissen Mitgefühl anschaut, ganz zu schweigen von dem grundlegenden Wissen, wie man ihn am besten anpackt. Hunde gehören in jedem Fall zur gelassenen Sorte und können mit vielen anderen Arten von Individuen in relativer Harmonie leben, also werden wir bei dieser Begegnung sogar mehr Liebe, Vertrauen und tiefes Verständnis finden. Schließlich ist es schwer, mit dem eigenen Spiegelbild zu streiten!

Hund trifft Schwein

Der Hund und das Schwein können das gemeinsame Leben leicht zu einem Erfolg machen. Wenn sie es schaffen, die erste Hürde zu nehmen, und sich voneinander angezogen fühlen, finden wir hier die Basis für ein tieferes Verständnis. Das Schwein wird die schelmischen Qualitäten eines Hund-Menschen sehen, ohne sie sich allzu sehr zu Herzen zu nehmen. Der Hund hingegen stellt mehr als genug von dem emotionalen Futter zur Verfügung, das jedem Schwein wichtiger ist als Essen. Beide Zeichen haben Familiensinn und können schrittweise ein gegenseitiges Verständnis kultivieren, auch bei einer großen Breite anderer Themen. Streitigkeiten sollten selten und nur in großen Abständen vorkommen.

Schwein trifft Schwein

Das Zeichen des Schweins ist in verschiedener Hinsicht merkwürdig, denn obwohl es glücklich und behaglich mit einer Reihe von Zeichen leben kann, gibt es einige Kombinationen, die aus dem einen oder anderen Grund einfach nicht gut zu funktionieren scheinen. Das Schwein-und-Schwein-Szenario könnte ein solches Beispiel sein. Ein Teil des Problems liegt darin, daß Schweine mit Menschen zusammen sein müssen, die die Fähigkeit haben, sie dazu zu bewegen, ihre tiefsten Gefühle auszudrücken. Dies verhindert Situationen von Abkapselung, die fast mit Sicherheit später Probleme verursachen. Zwei Schwein-Typen, die zusammenleben, dürften niemals soweit kommen, ihre wahren Gefühle auszudrücken. Das Ergebnis könnte eine seltsame kleine Explosion sein, wenn beide Schweine zugleich den Siedepunkt erreichen. Die Situation kann jedoch völlig anders sein, wenn eines der Individuen ein Sprecher ist!

Der chinesische Mond

Die alten Chinesen glaubten, daß jeder Mond – der vom Neumond bis zum nächsten Neumond dauert – von einem der zwölf Tierzeichen regiert wird. Diese korrespondieren fast genau mit dem, was Vertreter der westlichen Astrologie als ihr »Sonnenzeichen« bezeichnen. Von all den Einzelfaktoren in der astrologischen Charakterisierung eines Individuums ist dieser wahrscheinlich der wichtigste. Man sollte sich jedoch daran erinnern, daß in allen Formen der Astrologie der übergreifende Anteil aller Aspekte das Wesen bestimmt. Entnehmen Sie Ihr chinesisches Mondzeichen der untenstehenden Tabelle und lesen Sie dann die betreffende Eintragung im folgenden Abschnitt. Sie können auch bei den vollständigeren Beschreibungen der chinesischen Zeichen vorne im Buch nachschlagen. Zusammen mit Ihrem Tierjahr-Zeichen, Element und Aszendenten drückt der chinesische Mond Ihrem Wesen das Siegel auf und zeigt, welche Art von Individuum Sie tatsächlich sind.

Chinesischer Mond und westliches Sonnenzeichen

Chinesischer Mond	Westliches Sonnenzeichen	Maßgebliche Daten
Drache	Widder	21. März – 20. April
Schlange	Stier	21. April – 21. Mai
Pferd	Zwillinge	22. Mai – 21. Juni
Ziege	Krebs	22. Juni – 22. Juli
Affe	Löwe	23. Juli – 23. August
Hahn	Jungfrau	24. August – 23. September
Hund	Waage	24. September – 23. Oktober
Schwein	Skorpion	24. Oktober – 22. November
Ratte	Schütze	23. November – 21. Dezember
Büffel	Steinbock	22. Dezember – 20. Januar
Tiger	Wassermann	21. Januar – 19. Februar
Hase	Fische	20. Februar – 20. März

Ratte-Mond

Ratte-Mond-Individuen haben viel Energie und neigen dazu, sehr unternehmungslustig zu sein. Ratten sind bereit, fast alles zu probieren, im allgemeinen fröhlich, und man kann sich darauf verlassen, daß sie sich hemmungslos auf fast jedes Projekt stürzen, das ihr Interesse weckt, wenn sie auch wenig mit Aufgaben oder Situationen zu tun haben wollen, die sie ermüdend oder inkonsequent finden.

Es ist schwer, eine durchschnittliche Ratte hinters Licht zu führen, die zwar ein geselliges Geschöpf ist, aber sicher niemandes Hofnarr. Dieser Typ ist einem Spielchen nicht abgeneigt – weder in finanzieller Hinsicht noch in bezug auf das Leben selbst. Trotz der von Natur aus geselligen Herangehensweise ans Leben kann die Ratte große Selbstkontrolle zeigen, was einer der Gründe für den Erfolg ist, dessen sich Ratten im Geschäftsleben oft erfreuen, besonders im selbständigen Bereich. Ratte-Menschen sind in Gesellschaft charmant, lieben Party-Besuche und andere Zusammenkünfte und sind sehr gute Reisende. Ratten sind Opportunisten und können das Beste aus sich verändernden Umständen herausholen. Sie werden gelegentlich beschuldigt, seicht zu sein, aber fast die ganze Sippe liebt das Hin und Her des alltäglichen Lebens auf der Überholspur.

Büffel-Mond

Als eines der beständigsten chinesischen Zeichen sind Büffel-Mond-Menschen immer noch zu viel wirklichem Erfolg im Leben fähig, gewöhnlich mittels harter Arbeit und einer Fähigkeit, sich gut auf die vor ihnen liegenden Aufgaben zu konzentrieren. Vielleicht gibt es hier nicht soviel Flexibilität, wie es sich manche wünschen, die mit diesem Menschen Geschäfte machen, und das bedeutet, daß es gelegentlich schwierig ist, mit dem Büffel umzugehen. Dies ist sicherlich der Fall, wenn es darum geht, ihn zu überreden, etwas zu tun, das ihm gegen den Strich geht – was unmöglich ist, wie Ihnen unbeteiligte, doch ehrliche Beobachter sagen werden.

Mit einer sehr praktischen Herangehensweise ans Leben weiß der durchschnittliche Büffel genau, wohin er geht und ist bereit, sorgfältig auf ein Ziel hinzuarbeiten. Dabei nimmt er sich unterwegs Zeit, geruhsam zu verweilen, gestattet aber keinem echten Stolperstein, ihm in die Quere zu kommen. Fairerweise muß man bei dem Büffel auch erwähnen, daß man genau das kriegt, was man sieht. Er wird Sie nicht in die Irre führen, da die meisten Mitglieder dieser Familie die Wahrheit lieben. Untergründig lauert eine latente Aggression, die allerdings nur offenbar wird, wenn der Büffel zu Extremen gereizt wird und keine andere Möglichkeit sieht, mit der Situation umzugehen.

Tiger-Mond

Tiger-Mond-Menschen sind nicht gerade leicht zu verstehen, denn obwohl dies ein grundsätzlich geselliges Zeichen ist, das in Spaß und Spiel schwelgt, können Tiger gelegentlich in Beziehungen still und zurückhaltend sein. Sie sind unbesonnen, neigen zu Extremen und halten immer nach Abenteuern Ausschau. Tiger hassen es, an Konventionen gebunden zu werden und planen mit Begeisterung die nächste Bewegung in ihrem Leben – egal, wie ungewöhnlich ihr Verhalten Außenstehenden erscheinen mag. Tatsächlich gehört Merkwürdigkeit zur Anziehungskraft dieses Zeichens, das unter der großen Überschrift »Originalität« steht.

Ein Paradox ums andere begleitet dieses Individuum, denn obwohl man Tiger-Typen wahrscheinlich bei der Überquerung von Bergpässen und bei dem Kampf findet, einhändig den Atlantik zu überqueren, könnten sie ebensogut bei der nächsten Party in einen hineinrennen. Ist der Tiger in Gesellschaft, sehnt er sich im allgemeinen nach Einsamkeit, und in der Isolation wünscht er sich nichts mehr als das Hin und Her höflicher Konversation. Tiger können sehr kreativ sein und sind oft besonders musikalisch.

Hase-Mond

Was ist der Hase doch für ein umgängliches Wesen! Kultiviertheit ist bei allen Mitgliedern dieser Gruppe offensichtlich, obwohl sie manchmal überhebliche Geschöpfe sind. Das führt dazu, daß sich die intelligenteren Hasen leicht zurückziehen und es schwierig ist, sich ihnen zu nähern. Im Falle einer allgemein so freundlichen Seele mag das nicht so überraschend sein, wenn man versteht, daß der Hase in jedem Fall im Grunde ein Einzelgänger ist. Hier haben wir einen Menschen, der viel Zeit zur Reflektion und die Möglichkeit braucht, ein relativ sorgenfreies Leben zu führen, wenn er oder sie für die Welt ihr Bestes geben soll – und das Beste kann, um es dezent auszudrücken, außergewöhnlich sein. Hasen schwelgen im Dienst an der Menschheit, sind selbstlos und freundlich und arbeiten lange und hart für eine Sache, die es wert ist.

Hasen scheinen in ihrer Annäherung ans Leben oft klar strukturiert zu sein, was tatsächlich weit von der Wahrheit entfernt ist, denn nur wenige werden die Tiefen der Denkprozesse eines Hasen ergründen. Beziehungen können etwas problematisch sein, denn der Hase ist im Herzen ein Romantiker, und es fällt ihm schwer zu glauben, daß ihn irgend jemand enttäuschen könnte. Diese Einstellung, daß andere »im Grunde gut« sind, verläßt den Hasen niemals.

Drache-Mond

Drache-Individuen sind wahrscheinlich die dynamischste Gruppe im ganzen chinesischen Zoo. Sie sind Draufgänger, halten immer Ausschau nach einer Gelegenheit, ihr Los zu verbessern und sind bereit, fast alles zu tun, um zu erreichen, was sie vom Leben wollen. Drachen sind von Natur aus dominant und nehmen Einmischung irgendwelcher Art nicht freundlich auf. Sie werden manchmal beschuldigt, übereilt und impulsiv zu handeln, aber die meisten Drachen haben nichtsdestotrotz eine ziemlich ethische Gesinnung und ziehen es vor, ihre Ziele durch faire Mittel zu erreichen.

Die Drache-Natur besitzt große Ehrlichkeit – wahrscheinlich gelegentlich zuviel, denn dieses Individuum kann so unverblümt sein, daß es einen beträchtlichen Teil jeder Woche damit verbringt, sich für das zu entschuldigen, was es in der Woche davor sagte. Drachen können sehr gut mit Unglück umgehen und erholen sich bald von Situationen, die andere Zeichen tage- und wochenlang niederwerfen. Ihre positivste Annäherung ans Leben ist für die Arbeit reserviert, worin sich der Drache auszeichnet. Verkauf, Administration und Management sagen diesem überlebensgroßen Individuum zu.

Schlange-Mond

Dies ist wahrscheinlich der entspannteste Charakter des chinesischen Spektrums. Die Schlange ist ein umgänglicher Mensch und schätzt es, geliebt zu werden. Wenn sie auch nicht sonderlich draufgängerisch ist und gelegentlich zur Faulheit neigt, kann die Schlange überraschend gut arbeiten, wenn es darauf ankommt, und ist sehr gut darin, sich im Leben eine Nische zu schaffen. Schlangen beiderlei Geschlechts sind sehr reinliche Zeitgenossen und oft im Bad zu finden. Sie neigen dazu, ein wenig Gewicht zuzulegen, wenn man nicht auf die Ernährung achtet, denn die durchschnittliche Schlange genießt das Essen sehr.

Man kann darauf wetten, daß Schlangen sich als Modefans immer und unter allen Umständen von ihrer besten Seite zeigen, und da sie sehr gesellig sind, trifft man sie auf Parties und bei anderen Zusammenkünften, wo sie brillieren können. Die meisten Schlangen, besonders die männlichen dieser Spezies, haben einen sehr starken Sexualtrieb. Sie sind für das andere Geschlecht attraktiv – nicht nur für andere Schlangen, sondern für eine breite Palette von Zeichen und Typen. Der beste Platz ist für eine Schlange jedoch draußen in der Sonne. Sie liebt die frische Luft und haßt es, einen warmen Sommertag im Haus zu verschwenden.

Pferd-Mond

Kommen wir zu einem der vergnügungssüchtigsten Gesellen, der irgendwo zu finden ist. Dieser Charakter ist immer in Bewegung, schätzt es, im Mittelpunkt der Aufmerksamkeit zu stehen, und unternimmt alles, was möglich ist, um sich und alle um sich herum so glücklich wie möglich zu machen. Trotz all seiner oder ihrer hohen Aktivität ist das Pferd tüchtig und kann fast jede Art von Schlamassel im Nu klären. Man darf zwar nicht erwarten, daß dies ein sehr beständiger Mensch in einem Monat voller Sonntage ist – das könnte einer der Gründe sein, warum Beziehungsprobleme hier verbreitet sind. Das ist jedoch kein allzu großes Thema, denn das Pferd ist so unbefangen, daß es fast jedes Vergehen vergibt.

Eines der größten Geschenke, das die meisten Pferde besitzen, ist die Fähigkeit, bald jeden zu fast allem zu überreden. Daher schafft es das Pferd gewöhnlich, daß die Dinge auf seine Art funktionieren. Bequemlichkeit und Sicherheit sind tendenziell zweitrangig, und das Pferd strebt nach Freiheit in all ihren verschiedenen Formen. Wenn es auch dazu neigt, das Gegenteil vorzugeben, läßt sich das Pferd nicht leicht zum Narren halten.

Ziege-Mond

Ziegen wirken auf den ersten Eindruck hin häufig ziemlich ermüdend, was auf ihrer offensichtlichen Unsicherheit basiert, gepaart mit der Tatsache, daß sie bei keiner Zusammenkunft besonders in Erscheinung treten. Sie haben Schwierigkeiten, an sie gerichtete Anforderungen eindeutig zu verstehen. Die Ziege liebt es zu gefallen, bleibt dabei ihren Idealen treu und wird keine Gelegenheit auslassen, ihrer Umgebung zu beweisen, was ein wirklich kultivierter Mensch ist. Besuchen Sie irgendeine Oper oder Kunstgalerie, und Sie werden unter den Gönnern eine bedeutende Ansammlung von Ziege-Menschen finden.

Die Ziege ist weitgehend eine recht glückliche Person, und obwohl sie nicht gewillt ist, im Hinblick auf Geld – auf das sie sorgfältig achtet – allzu viele Risiken einzugehen, scheint sie dennoch mehr als ihren gerechten Anteil davon anzuziehen. Nicht, daß die durchschnittliche Ziege sich um ihrer selbst willen für Finanzen interessiert. Die meisten Ziegen sind Familienmenschen und lieben es, ein schönes Heim zu unterhalten, in dem sich sogar Außenseiter willkommen fühlen. Die Ziege ist ein spröder und doch sehr hemmungsloser Liebespartner und setzt alles daran, um eine glückliche Ehe zu schaffen und aufrechtzuerhalten. Alle Ziegen suchen nach Sicherheit.

Affe-Mond

Hier finden wir ein sehr wendiges Individuum, das immer in Bewegung ist und eine Menge Freude am Leben hat. Affen schätzen es, in den Nachrichten und im Zentrum jeder Aktivität zu stehen und helfen glücklich aus, wo immer sie können. Affen sind elegant und können zu fast jedem Zeitpunkt gut aussehen. Sie sausen beim geringsten Anlaß los, um sich zu amüsieren und sind fast immer in der Gesellschaft gleichermaßen sympathischer und geselliger Menschen zu finden.

In Beziehungsangelegenheiten kann der Affe ein sehr provokativer Geselle sein, obwohl damit keine Neigung zu unmoralischem Verhalten angedeutet werden soll, auch wenn der Affe ein Intrigant sein kann und im Ruf steht, andere gelegentlich ziemlich in die Irre zu führen. Der Affe ist mit einem guten Gedächtnis gesegnet und besitzt im Hinblick darauf, daß er kaum jemals etwas vergißt und früher oder später alles für sich zum Guten wendet, mehr von einem Elefanten. Dieser freche Typ hat ein großes Ego und mag es sehr, sich unter Leute zu mischen, die sowohl attraktiv als auch interessant sind. Affen lieben es, im Leben »irgendwohin« zu gehen.

Hahn-Mond

Es gibt vielleicht keinen praktischeren Gesellen als den Hahn, was der Grund ist, warum so viele Menschen, die unter diesem Zeichen geboren sind, offenbar fast alles in Angriff nehmen können. Wenn Sie auf einer öden Insel angespült werden, ist der Hahn die Person, die man idealerweise um sich haben sollte, wenn auch nicht in jeder Hinsicht. Zwar kann der Hahn eine Wasserversorgung installieren und ist gut darin, einen Platz zum Leben aufzubauen, und Ihr Hahn-Freitag ist aufmerksam und mitteilsam und immer bereit, am Ende eines langen Tages alles zu besprechen. Auf der anderen Seite wird er wahrscheinlich auch nörgeln, wenn die Dinge nicht so laufen, wie er es wünscht, und wird Ihnen sogar das Leben schwermachen, wenn Sie sich nicht mit dieser einzigartigen Person arrangieren können.

Das Hahn-Individuum ist nicht darauf aus, irgend jemanden zu verärgern, und zuckt auch nur die Schultern, wenn es doch passiert. Nichtsdestotrotz ist der Hahn – abgesehen davon, daß er eines der freundlichsten und fähigsten Wesen ist, das Sie sich nur wünschen können – ganz sicher auch einer der aufreizendsten Menschen. Wenigstens können Sie sich darauf verlassen, daß er beständig ist und es gut versteht, Geld zu verdienen und festzuhalten.

Hund-Mond

Der chinesische Hund-Mensch ist jedermanns Fall, und wie sollte es auch anders sein? Dieses Individuum ist charmant, diplomatisch und verständnisvoll. Obwohl er manchmal ein wenig freimütiger ist, als gut für ihn ist, ist der Hund auch bereit zuzuhören, was Sie zu sagen haben. Dies könnte einer der Gründe sein, warum es so schwer ist, den Hund nicht zu mögen. Hunde können gelegentlich überängstlich sein und grübeln oft über die Art von Details, an die die meisten Menschen keinen Gedanken verschwenden. Das liegt hauptsächlich daran, daß es dem Hund mehr oder weniger unmöglich ist, sich über irgend etwas eine Meinung zu bilden, und daher ist er logischerweise ständig dabei, mitten im Fluß die Pferde zu wechseln. Diese Eigenschaft ist manchmal ziemlich unglückselig und programmiert den Hund darauf, das Schlimmste anzunehmen. Wenn er sich endlich darüber klargeworden ist, ist es für den Hund keine Überraschung, wenn die Dinge tatsächlich schiefgehen – fast eine sich selbsterfüllende Prophezeiung. Hund-Typen lieben es, andere Menschen um sich zu haben, sind sehr verständnisvoll und die besten und aufmerksamsten Liebhaber.

Schwein-Mond

Wenn der Schwein-Mond-Mensch auch nicht das freimütigste unter den chinesischen Zeichen ist, können Sie doch niemals übersehen, wenn eines in der Nähe ist. Das Schwein ist freundlich, gewöhnlich verständnisvoll und besonders gut zu jenen, die es mag, wozu Familienmitglieder gehören, mit denen es besonders verbunden ist. Schweine sind klug und können mit Leichtigkeit Geld anziehen und anhäufen. Sie sind gute Arbeiter, erpicht darauf weiterzukommen und finden auf die eine oder andere Art immer ihren Weg an die Spitze der Gesellschaft. Auch wenn es ein wenig spröde ist, wenn es sich einer neuen Beziehung nähert, läßt dies nicht darauf schließen, als welcher Mensch sich das Schwein schließlich entpuppen wird. Dieses Wesen hat sehr breitgefächerte Interessen, und wenn es auch in Beziehungen allgemein treu ist, bleibt das Schwein in jedem Sinne des Wortes ein Genußmensch, so daß eine gute sexuelle Beziehung natürlich wichtig ist.

Das Schwein leistet viel für die verschiedenen mildtätigen Einrichtungen, für deren Unterstützung es sich entschieden hat, und man findet es oft in einem der Berufe, die darauf abzielen, Mitmenschen auf die eine oder andere Art zu helfen. Das Wichtigste ist vielleicht, daß das Schwein, obwohl es einen starken Willen hat, auch flexibel sein kann.